本体论

李健 著

华夏出版社
HUAXIA PUBLISHING HOUSE

谨以此书向攀登真理高峰的往圣先贤致敬！

目　录

序

缘起"里斯之问"

本书是一部探寻宇宙奥秘、论述宇宙本源、追究终极真理，并进而研究认识论和方法论的哲学著作，它缘起于"里斯之问"。

我是一名企业工作者，平时酷爱哲学，总想找到一种理论或思想，能够通解企业运营管理的一切难题。2009年7月，我读到阿尔·里斯①和杰克·特劳

---

① 阿尔·里斯（1927～2022年），里斯伙伴（全球）营销公司主席、营销史上的传奇大师、定位理论创始人之一。因其在营销战略上的突出成就，被美国《广告时代》评为"全球十大顶尖商业大师"，入选美国营销协会评选的"营销名人堂"。他与杰克·特劳特合著的《定位》《商战》《营销革命》《22条商规》等成为享誉世界的营销经典。

特①的《定位》②一书，其中那个神奇的"里斯之问"，令我深思，夜不能寐。

"里斯之问"是这样表述的：如果有人问，世界最高的山是什么山，您会一口答出，是喜马拉雅山；如果问，美国第一任总统是谁，您会脱口而出，是华盛顿；如果还问，中国第一个下西洋的人是谁，您也会一口答出，是郑和。但如果接着问，世界第二高的山是什么山，美国第二任总统是谁，中国第二个下西洋的人是谁，您可能就答不出来了。

人脑只记得第一，不记得第二、第三。这似乎是一个司空见惯、习以为常的现象。但这是为什么呢？我认为，其中必然蕴藏着深刻的哲理。为此，我广泛阅读、

---

① 杰克·特劳特（1935～2017年），特劳特全球伙伴公司前总裁，定位理论创始人之一，著名的营销战略家、定位理论和营销战理论的奠基人和先驱。他于1969年以《定位：同质化时代的竞争之道》论文首次提出了商业中的"定位"观念，并在50多年的实践中，创作出《定位》《重新定位》《商战》《营销革命》等多部书籍，为推动营销的变革与发展作出了杰出贡献。

② 《定位》，由阿尔·里斯、杰克·特劳特合著。本书提出了被称为"有史以来对美国营销影响最大的观念"——定位，改进了人类"满足需求"的旧有营销认知，开创了"差异化竞争"的营销之道。

涉猎东西方哲学著作，特别是对《道德经》^①和古希腊哲学进行了深入研究，并从近现代科学中汲取营养，尤其注重东西方哲学的贯通比较。

这是一个巨大超越，令我自己感到吃惊。从开始的形而下，急于找"用"，继而进入到探寻"无用之用"，也期望找到一个放之四海而皆准的终极真理、一个形而上的"天道"、一个能够解决所有问题的"大用"，我实现了从形而下向形而上的系统哲学思考和思想飞跃，也因此成就了今天摆在大家面前的这部《本体论》。

揭开宇宙万古之谜

宇宙的本源是什么？或者说，宇宙的总源头是什么？这是古今中外哲学家、思想家、科学家们苦苦探

---

① 《道德经》，春秋时期老子所著哲学著作，又称《老子》，分为《道经》和《德经》两篇，共八十一章，是中国古代先秦诸子分家前的一部重要著作，是道家哲学思想的重要来源。全书以哲学意义之"道德"为纲宗，论述修身、治国、用兵、养生之道，而多以政治为旨归，乃所谓"内圣外王"之学，文意深奥，包涵广博，被誉为万经之王。《道德经》是中国历史上最伟大的名著之一，对传统哲学、科学、政治、宗教等产生了深刻影响。

寻，却始终未得其解的一个万古之谜。

人类自有思想史以来，一直在不断追问和探究宇宙的本源。两千多年前，东方圣哲提出了"道"，西方先知提出了"上帝"，但"道"是什么，"上帝"是谁，他们都没有给予解答。亚里士多德[①]认为，这个宇宙必定有一个"不动的推动者"[②]，但这个"不动的推动者"到底是什么，他也没有详细论说。近现代无数科学家潜心于探究万物之理，以期破解宇宙终极奥秘，但始终未能

———————

① 亚里士多德（前384～前322年），古希腊哲学家、科学家和教育家，古希腊哲学的集大成者。作为一位百科全书式的科学家，他几乎对每个学科都做出了贡献。他的著作构建了西方哲学的第一个广泛系统，包含道德、美学、逻辑、科学、政治、玄学等。亚里士多德认为世界是由各种事物本身的形式与质料和谐一致所产生。他认为自然界有一种关系（因）的存在。这种"因"不同于"因果"的"因"，不与"结果"相对应，而与"为什么"相对应，共有四种，即"目的因""质料因""动力因"和"形式因"。事物正是由这四种"因"推动转化为现实的运动的形态。其中形式因是终极因，而"纯形式"即宇宙的本源，这构成了亚里士多德哲学体系的核心和基础。

② 不动的推动者，出自亚里士多德《形而上学》："由于那既被推动又推动它物的事物是居间的，故必有不动的推动者、永恒的本体和现实。"（中国人民大学出版社，2003年版。）

如愿。

我在本书中，通过广泛征引解读古今中外哲学家、思想家的学术观点，并依据时空观和近现代科学成果推断，推动宇宙产生的那个"不动的推动者"，就是"平衡"。"平衡"是隐藏在宇宙中的终极奥秘。换句话说，"平衡"就是宇宙的本源，就是人类苦苦追寻的终极真理，它就是"天道"。本书以此揭开了人类思想史上这个"万古之谜"。

本书还依据宇宙平衡理论，进一步推导出"万事找一"的科学方法论。这是让哲学突围学术圈、走下学术圣坛，成为平常日用武器的关键。"万事找一"体现了对宇宙运行规律和人脑运行规律的根本遵循，呈现出从本体论、认识论到方法论的三位一体，真正做到了大道至简，简而为"一"。用"万事找一"的方法论，可以解释各种现象，回答政治、经济、军事、文化等领域的核心命题，并且能够解决现实中的种种问题。我由此认为，《本体论》有望重构既往各种理论。

解答哲学史上八大悬疑

既往哲学家和思想家在探究宇宙观和人生观的漫漫岁月中，为人类创造了丰富宝贵的思想财富，也留下了诸多悬疑。

一、宇宙的运行规律是什么？

二、宇宙万物包括人类皆有生有灭，这是为什么？人类如何才能寿终正寝，而不至于中途夭亡？

三、高更三问①：我从哪里来？我是谁？我到哪里去？

四、人脑的运行规律是什么？

五、精神的起源及其本质是什么？

六、人的本性是什么？

七、人生的意义是什么？何为幸福的本质？如何获得幸福人生？

---

① 保罗·高更（1848～1903年），法国后印象派画家、雕塑家，代表作有《拿水果的女人》《我们朝拜玛丽亚》等。"高更三问"，指的是高更于1897年创作的布面油画《我们从何处来？我们是谁？我们向何处去？》（现藏于美国波士顿美术馆）。高更通过对自我的追问，把"认识自己"这一人类的千古哲学命题，通过画笔做了一次象征意义的解答。

八、人类为什么普遍追求真善美？

以上这些疑问，皆是人类思想史上的核心命题，本书一一给予了解答。

本书的一个特点，是同时运用"六经注我"和"我注六经"①的方法，分别解析往圣先贤的核心思想，并逐一解答其思想中的谜团。

本书的另一个特点，是效仿孔子②、柏拉图③等先贤，

---

① "我注六经"就是解读六经的本义，也可叫作"文本还原"。而"六经注我"则是阅读者利用六经的话，来解释自己的思想、印证自己的观点。

② 孔子（前551～前479年），名丘，字仲尼，鲁国陬邑（今山东省曲阜市）人。中国古代伟大的思想家、政治家、教育家，儒家学派创始人。孔子非常博学，在世时被尊奉为"天纵之圣""天之木铎"，更被后世统治者尊为孔圣人、至圣先师、万世师表。其思想对中国和世界都有深远的影响，被列为"世界十大文化名人"之首。孔子思想的核心主张是"仁"。孔子认为，要实现"仁者爱人"，就要遵循"忠恕"之道，要做到"己所不欲，勿施于人"。在"仁"的基础之上，他提出了"礼"的主张，"礼"是"仁"得以实施的根本保证，二者是相辅相成的关系。他认为只有"仁"的"人道精神"与"礼"的"礼制精神"相统一，构筑起稳固的社会结构，才能推动人类文明向前发展。

③ 柏拉图（前427～前347年），古希腊哲学家，西方哲学史上最重要的哲学家之一。他与老师苏格拉底、学生亚里士

采用了问答体。我不仅与提问者对话，也在内心与读者对话、与东西方圣贤对话，运用俗话乃至俚语，打比方、举例子，使玄之又玄的哲学问题，尽可能变得生动有趣、可亲可近、道之如常。

如果您想探究宇宙的真相，感悟宇宙万物生生不息的天道；如果您想了解人性的奥秘，获取幸福而快乐的人生；如果您想把握事物发展的规律，让自己的工作和生活变得轻松而富有成效：请跟我一起踏上探寻真理的旅程吧！

多德并称为希腊三贤。柏拉图哲学体系的核心概念是"理"，他认为世界是由"理念世界"和"现象世界"构成的，理念世界是真实存在永恒不变的，而人类感官所接触到的现实世界只不过是理念世界的微弱影子，它由现象所组成，而每种现象的存在都是暂时的，不具永恒性。由此出发，柏拉图提出了理念论和回忆说，并将它作为自己的哲学基础。

— 第一章 —

宇宙论

第一节　宇宙即时空

问：您将本书定名为《本体论》，那么请问什么是本体论？本书的使命是什么呢？

答：所谓本体论，就是研究宇宙运行规律，探究宇宙本源或本质，回答宇宙终极真理的理论。"本体"即"根本"之意。

自泰勒斯^①、毕达哥拉斯^②、巴门尼德^③、德谟克利特^④、

---

① 泰勒斯（约前624～前546年），古希腊思想家、科学家、哲学家，古希腊七贤之一，西方思想史上第一个记载有名字的思想家，被称为"科学和哲学之祖"。他是第一个提出"世界的本源是什么"，并开启了哲学史的"本体论转向"的哲学家，是学界公认的"西方哲学史第一人"。

② 毕达哥拉斯（约前580～前500年），古希腊数学家、哲学家。毕达哥拉斯建立了以"数"为本源的哲学理论。他认为自然界的一切现象和规律都是由数决定的，"万物皆数"，而整个宇宙是数及其关系的和谐的体系。因为有了数，才有几何学上的点，有了点才有线面和立体，有了立体才有火、气、水、土这四种元素，从而构成了宇宙。

③ 巴门尼德（约前515～前5世纪中叶后），古希腊哲学家，前苏格拉底哲学家中最具代表性人物之一。巴门尼德哲学的基本范畴是"存在"，他将"存在"规定为具有"不生不灭""永恒不变""独一无二"等特性。他认为"存在"是"一"，是连续的、不可分的，并提出了"思想与存在是同一的"命题。他的"存在论"对古希腊哲学的发展乃至对整个西方哲学史均有着深远的影响。

④ 德谟克利特（约前460～前370年），古希腊唯物主义哲学家，原子唯物论学说的创始人之一。他从原子论唯物主义自然观出发，认为人的本质和自然万物一样，也是由原子构成的"小世界"，是精致灵敏的灵魂原子和粗糙的肉体原子的结合，其中灵魂起主导作用。德谟克利特还是西方伦理思想史上最早的自然主义幸福论者。

亚里士多德为代表的古希腊哲学和老子^①、佛陀^②为代表的东方哲学诞生开始，无数哲学家、思想家提出了有关

---

① 老子（约前571～前471年），姓李，名耳，字聃，一字伯阳，或曰谥伯阳，春秋末期楚国苦县人。中国古代伟大的思想家和哲学家，道家学派的创始人，被道教尊为始祖，称"太上老君"。在唐朝，被追认为李姓始祖。唐高宗乾封元年加封为太上玄元皇帝；宋真宗大中祥符六年加号太上老君混元上德皇帝。老子思想的主要范畴是"道"，老子以"道"解释宇宙万物的演变，认为"道"是宇宙本源，具有"独立不改、周行而不殆"的永恒意义。老子以"道"为根本依据，构建起以"治国安民、社会和谐、人生理想"为归宿的思想大厦，他所著《道德经》留传后世，成为全球文字出版发行量最大的著作之一。

② 佛陀（前623～前543年），佛教创始人，本名乔达摩·悉达多，成道后被尊称为释迦牟尼，意为"释迦族的圣人"。释迦牟尼通过口传身授宣扬佛法，在他去世后，他的弟子们为了避免佛教教义日久散失，对他的言教进行了整理，是为"结集"。释迦牟尼学说的基础是"缘起性空"论。他认为，世界的一切现象与存在，都是在"缘"的作用下，相互依存的因果关系，而"缘"又是建立在"空"的基础上的。因此，"缘起性空"是宇宙的根本原理，世间的一切都是在此之上进行迁流变动、循环往复的，这成了佛学思想大厦的根基，并以此构筑起"三法印、四圣谛、八正道、十二缘起、三十七道品"等原始佛学教义，为后世佛教的发展奠定了重要的理论基础。

宇宙本源的种种观点，其中最具代表性的是老子的《道德经》、亚里士多德的《形而上学》[①]和鸠摩罗什所译《金刚经》[②]，但这些著作都没有彻底回答宇宙的本源及终极真理究竟是什么。

今天，我以中国传统哲学思想为基础，吸纳西方先贤理论精髓，并依据近现代科学研究提供的大信息量，作出自己的推论与判断。我将回答老子所说的"道"是什么，解释佛祖的"空"为何物，揭示困扰科学界很多年依然无解的爱因斯坦"大统一"理论[③]的本质，论述

① 《形而上学》，古希腊哲学家亚里士多德的哲学名著。该书探讨了宇宙本源和哲学研究对象，并对古希腊哲学发展进行了历史性的总结，创立了以本体论、四因论等为中心的哲学体系，被誉为世界第一部哲学教科书，奠定了亚里士多德在哲学史上的崇高地位。

② 鸠摩罗什（343~413年），东晋十六国时期后秦高僧，中国汉传佛教四大佛经翻译家之一。《金刚经》，佛教经典，全称《能断金刚般若波罗蜜经》，又称《金刚般若波罗蜜经》，最早由鸠摩罗什于弘始四年（402年）译出。

③ 阿尔伯特·爱因斯坦（1879~1955年），现代物理学的开创者和奠基人。爱因斯坦创立了狭义相对论和广义相对论，发现了光电效应的原理，提出宇宙常数、能量守恒定律、光子假设等。他因在物理学上的卓越贡献，被美国《时代周刊》评选为"世纪伟人"，被诺贝尔基金会评选为诺贝尔奖百余年

由霍金 ^① 划定了范围却未能明确回答的宇宙终极原理是什么，甚至推论无所不能的"上帝"到底是谁。

问：这些哲学和科学史上的终极追问都是"悬案"，既往的圣贤都没有做出精准回答。您是如何悟出，又将做何阐述？

答：回答上述"终极追问"是本书要完成的主要使命。因命题宏大，立意高远，需层层深入，逐步展开。既然我们讨论的是宇宙本体，首先就要弄清楚什么是宇宙。

————————

历史上最受尊崇的三位获奖者之一。

"大统一"理论，又称为"万物之理"。经爱因斯坦等科学家研究发现，微观粒子之间仅存在四种相互作用力（万有引力、电磁力、强相互作用力、弱相互作用力），理论上宇宙间所有现象都可以用这四种作用力来解释。通过进一步研究四种作用力之间的联系，寻找能统一说明四种相互作用力的理论或模型，称为"大统一"理论。

① 史蒂芬·威廉·霍金（1942～2018年），美国著名物理学家，现代物理学的重要开拓者。霍金一生致力于黑洞量子效应、量子引力论、量子宇宙论的研究，并提出了能解决宇宙第一推动力问题的无边界条件等，被誉为继爱因斯坦之后最著名的科学思想家和最杰出的理论物理学家。他所著作品《时空的大尺度结构》《时间简史》《果壳中的宇宙》等，深受读者喜爱。

问：请问什么是宇宙呢？

答：2600年前，先秦诸子百家中的尸子①，曾对宇宙做过界定："四方上下曰宇，往古来今曰宙。"显然，这里的"宇"指的就是空间，"宙"指的就是时间。牛顿和爱因斯坦也揭示宇宙就是时间与空间的统一体。

问：这是否意味着，宇宙的本源问题就是时间和空间的本源问题？

答：是的。要想了解宇宙的本源，首先要回答什么是时间、什么是空间，然后进一步回答，是什么决定了时间和空间。只有这样，才能弄明白宇宙的本源问题。这是本书的核心内容。在文中，我将把对空间和时间及其原理的讨论，称作宇宙论，把对宇宙本源的讨论，称作本体论。在此基础上，我还将阐述认识论和方法论，并以此印证和检验本体论，四个章节共同构成《本体论》一书。

---

① 尸子（约前390～前330年），名佼，魏国曲沃（今山西省曲沃县）人。战国时期杰出的政治家、思想家，先秦诸子百家之一。他提出"四方上下曰宇，往古来今曰宙"，并由此而成为中国历史上第一个精确定义"时空"的人。他对道家思想多有继承和发展，对"学积有生""从道必吉""重民"的观点作过重要的阐述。著有《尸子》一书，但全书已失，难窥其思想原貌。

第二节　万物皆有"核"

问：宇宙由"宇"和"宙"构成，我们先从哪里说起呢？

答：先从"宇"说起吧，也就是先说一说空间。

为了更容易理解什么是空间，在这里我先下一个结论：**万物皆有"核"**，然后再逐一进行论述。

问：怎样理解万物皆有"核"？

答：万物皆有"核"，就是指任何物体在空间结构上，都存在一个核心，它起决定性的统领作用，并由它决定了此物的性质，其他部分都依附于它而存在。反之，如果失去"核"，万物就不能存在。

问：这就是空间存在的规则吗？

答：是的。宇宙内一切物质的空间存在，皆由其"核"所决定。

问：您的依据是什么呢？

答：是科学。关于宇宙的诞生，科学界最具代表性的观点，是"奇点大爆炸"①理论。根据计算机建模分析，大约在138亿年前，一个体积无限小、能量无限大的奇点发生爆炸，由此产生了宇宙。奇点大爆炸后形成了各种物质，这些物质包括大到星团、星系，小到质子、夸克等。时至今日，宇宙仍然处在不断膨胀之中。

问：大到宇宙，小到夸克，它们都有"核"吗？

答：宇宙万物无论空间大小，皆有其"核"。宇宙的"核"是奇点，银河系的"核"是人马座A②（超大质量黑洞），太阳系的"核"是太阳，地球的"核"是地核，月球的"核"是月核。每个星球都有自己的"核"，

---

① 奇点大爆炸，是现代宇宙学中最有影响的一种学说。它的主要观点认为宇宙曾有一段从热到冷的演化史。而这个演化史的开端，是在138亿年前从奇点大爆炸开始的，巨大的纯能量转化成为物质。随后，宇宙不断膨胀变大，温度也慢慢下降，物质在引力作用下聚集起来，形成了恒星、星系，最终演变成如今的宇宙。

② 人马座A，是位于银河系中心的一个复杂而强烈的无线电波源，其在可见光观测下被处于银河系旋臂中的大量的宇宙尘所遮蔽，无法被直接观测到。目前，人马座A被认为是银河系中最大的黑洞，它的引力足以使整个银河系围绕其旋转。

它们都是由各自的"核"统领，从而构成物质空间。

问：这是宏观层面的情况，如何理解微观层面万物皆有"核"呢？

答：比如分子的"核"是原子，原子的"核"是原子核，原子核的"核"是质子，质子的"核"是下夸克，中子的"核"是上夸克，等等。微观层面这种物质空间的存在，与宏观层面是一样的，也是由"核"统领。

问：中观层面的情况又是怎样的呢？

答：中观层面可以分为自然和非自然两类。

先说自然类。细菌的"核"是菌核，细胞的"核"是细胞核，细胞核的"核"是DNA，植物的"核"是根，哺乳动物的"核"是心脏，山脉的"核"是主峰，水系的"核"是主河道，龙卷风的"核"是暴风眼，各种水果都有其"核"，等等。在这些纯自然的物质空间里，都是由"核"统领着空间结构的其他部分。

问：怎么理解人造物的"核"呢？

答：这属于非自然类。例如水瓶的"核"是内胆，电饭煲的"核"是加热器，手机的"核"是芯片，电脑的"核"是处理器，电视机的"核"是显示器，灯泡的"核"是发光体，汽车的"核"是发动机，桌子的"核"是桌面，麦克风的"核"是拾音器，水龙头的"核"是开关，冰箱的"核"是压缩机，如此等等，不胜枚举。

问：在非自然的人造物中，有一种特殊的存在，就是社会组织，如何解释它们的"核"呢？

答：由人创造并构成的社会组织，同样符合"万物皆有核"的原则。如家庭的"核"是家长，村庄的"核"是村长，学校的"核"是校长，医院的"核"是院长，企业的"核"是董事长，各类协会的"核"是会长，国家的"核"是国家元首等。正所谓狼有狼王，羊有头羊，家有千口，主事一人。

可以说，无论宏观、微观、中观，宇宙中所有物质的存在，都符合"万物皆有核"的空间构成形式。这种现象很神奇，犹如各种各样的蛋，无论您打开哪一个蛋，看见的都是一模一样的结构，都有一个蛋黄，这个蛋黄就是蛋的核，只是大小不同而已。

问：难道就没有相反的例子吗？

答：没有。如果找到一个相反的例证，就可以说"万物皆有核"是一个伪命题，此论断就告破溃。

问：请问蚯蚓、扇贝这些动物的"核"是什么？怎么解释双黄蛋的"核"？

答：蚯蚓、扇贝是无脊椎动物，确实没有心脏，其核心是消化系统，由这个系统负责摄取外界食物，为机体提供能量，也就是说，消化系统就是无脊椎动物的"核"。双黄蛋属于畸形蛋，其"核"就是由两个蛋黄组成的共同体。

问：奇点大爆炸后，宇宙还有"核"吗？

答：科学研究表明，奇点大爆炸后，宇宙一直处于极速膨胀中。既然是在膨胀，必定有一个中心点，并由此向外推展。科学家还据此推测，当宇宙因膨胀稀释到一定程度时，便会坍缩。在坍缩过程中，会将包括太阳、地球在内的所有星球收拢回来，最终被位于宇宙中心的超大质量黑洞吸进"体内"，形成新的奇点。也就是说奇点大爆炸后，宇宙依然有一个中心区域，并且这个区域的物质密度一定是最高的，所形成的黑洞成为潜在的奇点，整个宇宙还是以它为中心运转。这个中心便是它的"核"。

第三节　空间：一统多

问：您把事物空间存在形式表述为"万物皆有核"，试图表达什么？

答：我想表达的是，宇宙万物都有一个相同的空间结构，我运用奥卡姆剃刀原理①，将它抽象为"一统多"，也就是说，任何一个物体都是由一个"一"（核心）来统领"多"（非核心部分）。在这种空间结构里，这个"一"究竟有多重要呢？试想一下，如果哺乳动物没有心脏，它还能成活吗？如果树没有根，它还能生长吗？显然不

---

① 奥卡姆剃刀，又译"奥康的剃刀"，是由14世纪英格兰的逻辑学家、圣方济各会修士威廉提出。这个原理称为"如无必要，勿增实体"，即"简单有效原理"。因威廉来自奥卡姆，人们为了纪念他，将这个原理称之为"奥卡姆剃刀"。

能。如果手机没有芯片，水瓶没有内胆，这些物质还有存在的价值吗？显然没有。同理，宇宙若无核心，整个宇宙内的星系就会失去秩序，乱作一团；太阳系若无太阳，八大行星就会分崩离析，更谈不上地球上人类和万物的存在。可以说空间都是围绕着"一"来构建的，失去"一"，一切皆为零。当然，我在这里说"一"为核心，并不是否定"多"的作用，而是表明，"多"的作用是围绕"一"而产生的。

问：这个"一统多"的表达，既抽象又形象，也很好理解。那么，这种物质空间的构成方式，是否就是物质存在的最基本形式？

答：是的。宇宙间无数的大小物质，它们的存在都离不开"一统多"的结构。为了进一步说明"一统多"空间结构的普遍性，我们还可以通过元素周期表来对空间的构成进行解析。

我们知道，当原子核携带一个电子时，构成了氢；携带两个电子时，构成了氦；携带三个电子时，构成了锂，依此类推，形成了目前公认的118种元素。也就是说，任何一个元素都是由原子核这个"一"统领着多个电子，而其他物质的形成皆由元素组合而成。所以说，空间的存在形式都是"一统多"的结构。总而言之，无论宏观、中观、微观，其物质的存在形式都是"一统多"的结构。

问：您能否用一句话来概括空间？

答：好的。所谓空间，就是"一统多"的结构，其本质是由"一"（核心）所决定的。在这里，需要说明的是，宇宙中万物的存在，当我们以外部视角观察它的时候，称之为物体；当我们以内部视角观察它的时候，称之为空间。比如我们看一头大象的时候，用的就是外部视角；而以内部细菌的视角来看它的时候，它就是一个空间。再比如池塘，当我们用外部视角来看它，它就是一个物体；而以鱼的视角来看它，它就是一个空间。还有太阳系，我们身处其内部，谈的就是空间；而当我们假想从外部观察它的时候，太阳系就是一个物体。所以说，从结构上看，物体和空间是一回事，只是观察视角不同而已。

第四节 万物皆演化

问：您在前面论述了"宇宙"中的"宇"，即空间。那么如何解释"宙"呢？

答："宙"即时间。我在前文中论述了万物皆有"核"，空间就是"一统多"的结构。而物质是不断分化和进化的，我称之为**万物皆演化**，时间正由此而形成。

问：请具体阐述。

答：宇宙的时间源自奇点大爆炸。美国天文学家哈勃捕捉到红移现象[①]，由此推断宇宙仍在膨胀之中。这就是说，宇宙的时间仍在延续。著名物理学家霍金根据这一理论，对宇宙的形成机理进行了系统研究，认为当宇宙的膨胀力跑不过引力时，宇宙的物质空间开始坍缩，

---

① 红移现象，指物体的电磁辐射由于某种原因频率降低的现象，在可见光波段，表现为光谱的谱线朝红端移动了一段距离，即波长变长、频率降低。美国天文学家哈勃于1929年确认，遥远的星系均远离我们地球所在的银河系而去，同时，它们的红移随着它们的距离增大而成正比地增加。这一普遍规律称为哈勃定律。

并最终回到"体积无限小、密度无限大、温度无限高"的奇点状态。此刻，时空就会消失。这就是时间和空间的源头或结尾。

问：怎样理解"万物皆演化"呢？

答：为了便于理解，我还是从宏观、微观、中观三个层面来加以说明。

宏观层面的"万物皆演化"，是从奇点大爆炸开始的，奇点爆炸演化形成了数以亿计的恒星。恒星核聚变向外喷发出的物质在引力的作用下，演化形成了包括地球在内的众多行星，其中，地球先形成地核，地核在核聚变中继续向外喷发物质，逐渐形成了地幔、地壳；地壳继续演化，形成了矿物、植物、动物以及人类社会和人造物等。

问：微观层面的"万物皆演化"是怎样的呢？

答：依据科学理论，奇点在大爆炸的瞬间，首先演化形成了光子、电子、中微子、质子、中子等基本粒子。这些基本粒子在相互作用过程中，又演化形成了118种元素，进而由这些元素演化组合成了各种分子。

问：中观层面的"万物皆演化"又如何理解呢？

答：中观层面包括矿物、植物、动物、人类社会和人造物，它们也都是通过演化逐步形成的。

问：请问矿物怎样演化？

答：118 种元素在地球的地质运动中，经过一系列复杂的物理和化学变化，演化形成了各种金属和非金属矿物质。正是由于这些自然物质的产生，才为生命的出现奠定了基础。

问：植物如何演化呢？

答：根据达尔文进化论[①]的观点，植物是由低级向高级演化的。在 35 亿年前，地球有了菌藻类生物，随

---

① 进化论，达尔文在其所著《物种的起源》一书中提出的学说，是指研究生物史中生命扩大适应范围，增加生存余地的发展状况的科学结论，是近代生物学的核心思想之一。查尔斯·罗伯特·达尔文（1809～1882 年），英国生物学家、进化论的奠基人。达尔文早期以地质学研究而闻名，后又在动植物和地质方面进行了大量的观察和采集，推断出所有生物物种都是由少数共同祖先，经过长时间的自然选择过程后演化而成。他最主要的成就是创立了生物进化论学说，为现代生物学的发展奠定了重要理论基础。

后有了蕨类植物，再由蕨类演化出了裸子植物。裸子植物继续演化，有了被子植物。植物种群演化的过程，是其向更高层次进化的过程，也就是层层"迭代"的过程。

在庞大的种类进化过程中，每一株植物都在充分释放繁衍后代的能力。大多数植物都是通过授粉结出种子繁衍后代的。孢子植物则是通过孢子的分化繁衍后代的，如藻类、菌类、蕨类、苔藓等。

问：动物怎样演化的呢？

答：在达尔文的进化论中，动物也是由低等向高等进化的。动物通过不断演化，使种群处于动态的更迭中。从单细胞原生动物开始，到多细胞无脊椎动物和脊椎动物。再往后，两栖动物出现，从水生到陆生，出现了爬行动物。再分化出鸟类和哺乳类动物。哺乳类动物继续进化，分化出灵长类动物，直至人类脱颖而出。动物的分化和进化过程就是演化。

动物在种群进化过程中，也在充分施展繁衍后代的潜能。动物演化的方式主要有三种：胎生、卵生、卵胎生。胎生动物是通过受精卵在母体子宫内发育产生的。绝大多数哺乳动物都是胎生的。其中，狮子、狼等动物是通过群体内竞争成为雄性王者，与雌性交配繁衍后代。卵生动物是通过受精卵在母体外独立发育繁衍后代的，如昆虫、鸟、鱼和绝大多数爬行动物。卵胎生动物则是通过受精卵在母体内发育，但其营养仍依靠卵自身所含的卵黄供给的方式繁衍后代，如蝮蛇、星鲨等。

问：人类社会又是如何演化的呢？

答：人类社会是人类主动构建的组织结构，如国家、民族以及各类社会机构。人类社会发展的最明显特征，就是朝代更迭。例如中华民族第一次建立国家是从夏朝开始的，并由此一路演化，先后出现了商朝、周朝，继而出现了大一统的秦王朝，随后汉、魏、晋、南北朝、隋、唐、宋、元、明、清迭代更替，直到中华人民共和国。

人类社会是由各类组织构成的，组织结构如同社会的器官，正是它的作用，人类社会才焕发出巨大的活力，创造了伟大的文明。这些组织结构通过持续演化，不断推动人类文明的进步。具体来说，各类社会组织结构演化，都是从第一次建立开始，不断迭代升级。如企业，从手工作坊开始，到家庭工厂，到家族企业，再到现代股份制公司等；学校，从私塾开始，到学堂，到学校，再到不同专业、不同层次的学校；行业协会，从商帮开始，逐渐演化为会馆、公所，直到行业协会等。可以说，国家的发展、社会的进步，就是各行各业以及不同社会机构演化迭代的过程。

问：**按照通常理解，人造物是无生命的东西，它又是怎样演化的呢？**

答：人造物是人类为满足生存发展需要，而生产制造出来的东西。无论是何种人造物，从第一次被制造出来以后，便会不断迭代更新演化。例如衣服，从兽皮开始，逐渐有了棉麻布衣，有了丝绸服饰，有了各种化纤材质的现代服饰等。不仅面料迭代，款式也会不断更新迭代。再如灶，从土坯灶开始，逐步有了砖砌灶、液化气灶，以至智能集成灶。而房子，从山洞开始，逐步有了石屋、土屋、瓦屋、楼房等等。交通工具的迭代演化就更加明显。从木制独轮车开始，逐渐有了马车和牛车，有了蒸汽火车，再到拖拉机、汽车。不仅如此，还出现了动车组列车、飞机、飞船，以及众多的水上交通工具等等。再如电话，从手摇电话开始，到程控电话、手提电话（大哥大），以至翻盖手机、直板手机、智能手机等等。而人类的坐具，从石凳开始，逐渐有了木凳、木椅、沙发等等。杯子，从动物犄角开始，逐渐有了竹筒，有了陶杯，有了瓷杯，有了玻璃杯、保温杯等。人造物的演化迭代，为人类的生产、生活带来了极大的便利，成为人类文明进程最明显的标志。

问： 万物皆演化，就没有相反的例子吗？

答： 当相反的例子出现时，就意味着某物的死亡，也就是存在的消失。拿我的家族来说，如果我爷爷没有生我父亲及其兄弟姐妹，那么在我之前，我的家族就不存在了。如果我没有子女，那么在我之后，我的家族也就消失了。所以，我的家族想要延续，就需要不断地繁衍下去。这个繁衍的过程就是演化的过程。同理，恒星如果不演化，就没有地球；地球如果不演化，就不会有动植物；动植物如果不演化，就不会有人类；人类如果不演化，人类的历史就会终止。万事万物皆如此，不演化就意味着物种的灭亡、历史的终结。历史的终结，不也就意味着时间的终止？

第五节　时间：一生多

问：您对"万物皆演化"的阐述，形象而生动。您试图阐明一个什么道理呢？

答：我论说"万物皆演化"，旨在揭示宇宙万物分化进化的本质。这个本质就是，从一个原点开始，不断生发、演化、迭代万物，不断趋于多样和复杂。这是一个由"一"到"多"的过程。我同样运用奥卡姆剃刀原理，将之抽象为"一生多"。

问：您能否用一句话来概括时间？

答：时间因奇点大爆炸而开始，而爆炸和裂变以及分化进化就是在演化。宇宙是一个广义生命体，因为不断演化才产生了时间。因此，我用一句话概括，**时间就是"一生多"的过程，其本质是由"一"（开端）所决定**。

问：这个表述仍然比较抽象，不太好理解，能否再举例说明。

答：好的。例如，我们说唐朝的时间，是指以公元618 年为开端，到公元 907 年结束，这个过程共 289 年。再如我们说开会需要两小时，是指从开始到结束，其过程为两小时。

所以说，时间就是事物从开始到结束，即"一生多"的过程，"一"是开端，指的就是某个时刻或时间点。

第六节　万物皆有理：一等多

问：您在前面论述了空间与时间，即宇宙的存在形式。那么，宇宙存在又是由什么决定的呢？

答：前面我们论证了空间是"一统多"的结构，时间是"一生多"的过程。宇宙是由"一统多"的结构和"一生多"的过程构成的时空综合体。万物皆有理。"一统多"和"一生多"只是宇宙万物存在的表象，其背后一定还隐藏着特定的原理，这个原理决定着时空。那么这个原理到底是什么呢？我的结论是，"一统多"和"一生多"是由"一等多"决定的，"一等多"决定形成了空间与时间，并使二者成为有机统一体。

问：如何理解这个"一等多"呢？

答：宇宙的奥秘隐藏在元素周期表里。在此，我将从门捷列夫元素周期表①入手，对"一等多"进行阐释与说明。

史蒂芬·霍金在《时间简史》②中指出，奇点大爆炸首先产生了基本粒子，基本粒子瞬间相互作用形成了原子，而所有物质都是由原子构成的。时至今日，我们对原子的认识已比较清楚。原子主要是由原子核和核外的电子构成的。显然，原子核是"一"，电子是"多"。原子核的主要成分是质子。依据门捷列夫理论，现在我们知道，原子核能带多少个电子是由质子数决定的，而质

---

① 德米特里·伊万诺维奇·门捷列夫（1834～1907年），俄国化学家，他发现并归纳出元素周期律，依照原子量，制作出世界上第一张元素周期表。他的名著《化学原理》被国际化学界公认为标准著作，影响了一代又一代的化学家。

② 《时间简史》，英国物理学家霍金创作的科普著作，讲述了关于宇宙本性的最前沿知识，深入浅出地介绍了遥远星系、黑洞、粒子、反物质等知识，并对宇宙的起源、空间和时间以及相对论等古老命题进行了阐述，被认为是当代物理学家关于宇宙构成以及演化理论的权威性总结。

子数和电子数是相等的。不同原子核的质子数与电子数所达成的等式，构成了不同的原子。例如：氢原子是由1个质子和1个电子达成的等式所形成，氦原子是由2个质子和2个电子达成的等式所形成，氧原子是由8个质子和8个电子达成的等式所形成，锡原子是由50个质子和50个电子达成的等式所形成等等，由此形成了全部的118种元素，即原子。由于在描述原子结构时，把质子纳入原子核的概念中，原子核为"一"，电子为"多"，所以，质子数与电子数相等即"×× = ××"，变换表达为"一等多"。

问：根据数学原理，一只能等于一，现在您说"一等多"，如何理解呢？

答：这是两个范畴的认知概念。在数学范畴内，一只能等于一，定义十分严谨。但人类在漫长的生存发展过程中，面对无比复杂纷繁的世界，为了充分认知世界、把握世界，会不断地把万千事物分类归一。我所说的"一等多"不是严格意义上的数学等式，而是一种哲学表达，是借用数学方式的一种抽象表达而已。

因此，正是这个"一等多"，决定着118种元素的产生，而每种元素的生成及过程，表达为"一统多"和

"一生多"。也就是说，"一等多"决定着"一生多"和"一统多"，即时空的形成是由"一等多"所决定的。譬如，锂原子的结构是由 1 个原子核统领着 3 个电子而形成，其耦合的过程，是因为原子核内的 3 个质子和核外的 3 个电子达成等式，如果核内质子数与核外电子数不相等，这个原子就不能形成。

问： 那么在宏观物质运行中，"一等多"有怎样的表现呢？

答： 前面通过对原子结构的分析，我们推导出"一等多"决定了"一生多"和"一统多"。科学家们的研究表明，宏观宇宙的运行奥秘，其实就藏在微观世界中。因为，宏观宇宙的物质都是由原子演化成的分子构成，所以说宏观世界和微观世界一样，背后起决定作用的原理仍是"一等多"，正如霍金特别强调的，宇宙内所有物质的质子总数和电子总数是相等的。总而言之，宇宙万物，无论是宏观、微观，都是"一等多"决定"一生多"和"一统多"。

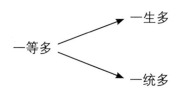

问：现在请给本章做个小结吧。

答：宇宙即时空，空间是"一统多"的结构，时间是"一生多"的过程，其背后的原理是"一等多"。因此，**宇宙的运行规律就是"一等多，一生多，一统多"，其根本是由"一等多"所决定。此为宇宙论。**

第二章

本体论

第一节　平衡推论

问：您在前面阐述了宇宙的运行规律是"一等多、一生多和一统多"，那么宇宙的本源是什么呢？

答：所谓本体论就是要回答宇宙的本源是什么，也就是要找到宇宙的总源头，前文所有的讨论就是为了最终找到这个答案。在前面我们已经说到，"一等多"决定了"一生多"和"一统多"。**现代科学研究揭示，宇宙是由奇点大爆炸而来，大爆炸之后的宇宙万物，根本上都由"一等多"所决定。当我们说"奇点"时，它实际上就是"一"，奇点本身不具有任何属性，那么，奇点的存在方式是"一统〇"，其决定形式就是"一等〇"，而在奇点之前，连"一"都没有，应该就是"〇等〇"，这里只剩下了纯等式，即"＝"。所以，我认为，宇宙**

的本源就是"纯等式"，宇宙万事万物的生发，都是由这个"纯等式"决定的。当等式达成时，即"××＝××"，时间就会演化，空间就会生成。

问：那么，这个等式的本质又是什么呢？

答：就是平衡。平衡即等式，等式即平衡。所以，**平衡就是宇宙的本源**。这就是宇宙本体的终极奥秘。

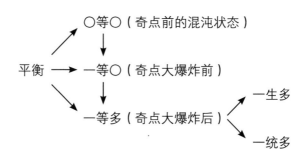

问：平衡就是宇宙的本源，这一结论应该是哲学上的重大创见。众所周知，人类从未停止过对宇宙本源的探寻，东西方先贤在探索过程中取得了一系列成果，但始终没有得出统一的答案。现在，您找到了这个答案。可以这么说吗？

答：可以这么说。在探索宇宙本源上，东西方哲学家和科学家都付出了艰苦的努力，作出了巨大的贡献。

这就像攀登一座高山，先贤们在登山时，看到了不同的风景，引发了对苍天和大地的不同思考。东方哲学以老子为代表，提出了宇宙本源为"道"。西方哲学主要是古希腊的一批智慧高人提出了一系列的观点，如巴门尼德的"存在即一"，柏拉图的"理念论"，亚里士多德的"四因说"，等等。以物理学为核心的科学界，从牛顿开始，到爱因斯坦以至杨振宁、霍金，不断揭示物质世界的存在奥秘。另外，所有宗教都在宇宙本源或本质的问题上有着自己的信仰。这些都沉淀为人类思想的宝贵财富，为后人的接续探索打下良好基础。我正是深受这些圣贤的启发，并苦苦思索，才获得了灵感，有了自己的顿悟，推断宇宙的本源就是平衡，平衡创生了宇宙万物，并决定着万物的演化和存灭。

问：您论证并推断宇宙的本源是平衡，意味着平衡是本书最核心的概念。请您给"平衡"下一个定义吧。

答：好的。**所谓平衡，即相等，在宇宙万事万物中表达为相反相等，即 ×× ＝ ××。**

问：宇宙的本源就是平衡，平衡是宇宙的总源头，这一结论可谓震古烁今。讨论至此，我特别想问，您的这一推论或发现，能否回应往圣先贤的核心观点并解答他们思想中的谜团？

答：当然，这正是我接下来要重点讨论的问题。

第二节　老子：道法自然

问：人类在思考和探索宇宙本源的过程中，涌现出许多划时代的哲学家和科学家。您将从哪里说起呢？

答：下面我分几个部分进行阐述。先说一说东方的思想吧。

问：从老子开始吗？

答：是的。老子是中国哲学的开山鼻祖之一，他的《道德经》一直被视为东方哲学思想的最高峰。《道德经》全书五千言，最核心的概念就是"道"。老子认为，宇宙的本源是"道"。但什么是道？由于受时代的局限，他没有讲透彻。我理解，老子所称的"道"，其实就是平衡。我们可以通过老子对"道"的描述，总结出"道"的特性和功能，进而与我的推论进行对比印证。

《道德经》第二十五章："有物混成，先天地生。寂兮寥兮，独立不改，周行而不殆，可以为天下母。吾不知其名，字之曰道，强为之名曰大。大曰逝，逝曰远，远曰反。故道大，天大，地大，人亦大。域中有四大，而人居其一焉。人法地，地法天，天法道，道法自然。"这段话的核心意思是说，道为"天下母"，并且无处不在，从来都不会改变。其中，"人法地，地法天，天法道，道法自然"中的"自然"，不是我们今天所说的"大自然"。大自然是包括人类社会在内的整个客观物质世界，而此处的"自然"是指"自己就是这样"。"道法自然"的意思，就是"道的存在、运行取法的是其自身的本然状态"。"道"自本自根，自己就是自己的根源，不需要取法任何东西；"道"也没有什么可取法的对象，因为万物都由"道"所决定和生发。老子在这一章里指出了"道"的自因性。前面我已经说过，平衡是宇宙万物产生和形成的"因"或"理"，它始终**如影在前**，这是宇宙得以存在和运行的根本规律，它的存在取决于它的自因性。很显然，"平衡"与"道"在自因性上是一致的。

《道德经》第十四章："视之不见，名曰夷；听之不闻，名曰希；搏之不得，名曰微。此三者不可致诘，故混而为一。其上不皦，其下不昧，绳绳兮不可名，复归于无物。是谓无状之状，无物之象，是谓惚恍。迎之不见其首，随之不见其后。执古之道，以御今之有。能知古始，是谓道纪。"核心意思是说，"道"是看不见、听不到、摸不着的，没有形状的，无法被感知。"平衡"同样是看不见、听不到、摸不着，却无处不在，无所不能，没有它，宇宙就无法生成。因此，"平衡"和"道"的本性一致。

《道德经》第八章："上善若水，水善利万物而不争。处众人之所恶，故几于道……"意思是说，"道"没有任何私利，与水性相同，滋润万物而不与之相争。那么，我们来看"平衡"是否如水一样呢？"平衡"是产生和形成万事万物背后的因，宇宙万物无论优劣、美丑，"平衡"都会以博大的胸怀来滋养它们，做到利万物而不争，具有无限包容性。所以说，"平衡"和"道"的特性一致，都如水一样。更进一步说，水的根本特性就是"平衡"。

《道德经》第六章："谷神不死，是谓玄牝。玄牝之门，是谓天地根。绵绵若存，用之不勤。"第三十二章："……譬道之在天下，犹川谷之于江海。"核心意思是说，"道"是万物之源，是天地之根，而且还具有衍生功能。

我在前面曾指出，奇点形成之前的等式是"○等○"。而正是"平衡"决定并催生了奇点及宇宙万物。由此可见，"平衡"和"道"一样具备源头性和衍生功能。

《道德经》第七十七章："天之道，其犹张弓欤？高者抑之，下者举之；有余者损之，不足者补之。天之道，损有余而补不足。人之道，则不然，损不足以奉有余。孰能有余以奉天下，唯有道者。"意思是说，"道"就像拉开的弓弦一样，弦高时把它压低，弦低时把它抬高，有余的就减少，不足的就增加。这说明"道"具有调适功能。很显然，"道"的调适功能，是为了让万事万物保持在一种最佳状态。再来看我们所说的"平衡"是否也是如此。宇宙内万物的产生和形成是由其背后的等式决定的，当等式的两端不对等时，物质就会变化，以建立新的等式，实现新的平衡。显然，"平衡"同样具有调适作用。也就是说，"平衡"和"道"在调适作用上完全一致。

《道德经》第三十七章："道常无为而无不为……"意思是说，"道"具有无为性，但又无所不为。"平衡"不是一种具体功能，但万事万物的形成却又离不开它，它又是无所不为的。很显然，在无为性上，"平衡"与"道"是完全一致的。

《道德经》第四十章："反者道之动，弱者道之用……"此处的"反"含有相反和返回之意，意思是说，任何事物都是在相反又相合的状态下形成的，说明"道"具有相反相成的功能。"平衡"是否也具备这样的功能呢？宇宙万物分别是由无数个等式决定着，而等式两端是对立统一的，相反相成，相反相等。所谓"平衡"，就是相反相等、相反相成。因此，"平衡"即为"道"，"道"的本质就是"平衡"。

不仅如此，老子在《道德经》中还特别揭示了时间的构成（一生多），空间的构成（一统多），以及促使二者生成背后的理（一等多）。如："道生一，一生二，二生三，三生万物。万物负阴而抱阳，冲气以为和。""道生一，一生二，二生三，三生万物"，这个过程就是"一"生"多"的过程，本质上就是时间的构成方式即"一生多"。而"万物负阴而抱阳"，说的就是空间的构成方式。这个构成方式就是由"阳"这个"一"统领"阴"这个"多"，一"阳"统多"阴"，即"一统多"。而"冲气以为和"，说的是时间和空间都是在"阴"与"阳"的运作相合中产生的，这个使之"运作相合"产生时空的东西，就是隐藏在万事万物背后的"理"，即"一等多"。可以说，老子这段话，对"一生多、一统多、一等多"进行了完美的诠释，也是他对宇宙观的简要描述。

《道德经》中对"道"的阐述还有很多，这里不一一展开。我认为老子当年提出"道"这个概念，具有开天辟地般的价值，犹如坚立了一座灯塔，为后世照亮了探寻的方向。

　　综上所述，"平衡"的一切特性和功能，与"道"完全一致，而且解答了"道"。所以我认为，"道"的本质就是"平衡"。什么是"道"？"平衡"就是"道"。**天道平衡，天道自衡**。

第三节　《易经》：变易、简易、不易

　　问：在老子《道德经》之前，中国还有一部重要的著作，就是被称为"群经之首"的《易经》①。能否谈谈您对《易经》的理解？

――――――

　　① 《易经》，是阐述天地世间万象变化的古老经典，蕴涵着朴素深刻的自然法则和辩证思想，涵盖万有，纲纪群伦，是中华传统文化的总纲领和杰出代表，被誉为"群经之首"，包括《连山》《归藏》《周易》三种，其中《连山》《归藏》已经失传，现存于世的只有《周易》。

答：《易经》是阐述宇宙天地万象变化的古老经典，包含三大核心思想体系，即变易、简易、不易。《易经》三原则揭示的正是宇宙运行的三大规律，即"一生多""一统多""一等多"。

问：何以见得？

答：首先说变易。《易经》认为这个世界是流变的，具体是如何变的呢？《周易·系辞上》说："《易》有太极，是生两仪。两仪生四象。四象生八卦。"这八卦以及由其合成的六十四卦对应世间万事万物。意思是说世间万事万物皆由太极而生。我认为，太极生万物的过程——"变易"，就是"一生多"的过程，阐明的是时间。

再说简易。我们身处一个纷繁复杂的世界，而《易经》将万事万物抽象并简化为卦象符号，而构成这些卦象的只有两个基本符号，即阳爻"—"和阴爻"- -"。通过阳爻"—"和阴爻"- -"，组合成八卦，然后再合成六十四卦来反映宇宙万物的存在。《易经》六十四卦，每一卦由六个阴或阳爻组成，而且每一卦都有一个主爻。例如，乾卦，九五爻为主爻；坤卦，六二爻为主爻。正是主爻决定着这个卦的意义，也就是以"一"统多。由此我认为，以卦象来表达宇宙万物的存在，这种删繁就简的方法——"简易"，表达的就是"一统多"，阐明的是空间。

最后说不易。《易经》把宇宙万物的变化归纳为六十四卦的符号体系，六十四卦源于阴、阳两爻的变化组合，而阴、阳又由太极运行变化而生。无论万物如何变化，其背后的原理是不变的，称之为"不易"。我认为，"不易"表达的就是"一等多"，阐明的是规律。

问：变易、简易、不易表达了宇宙的运行规律，即"一生多""一统多""一等多"。那么，请问"无极"又是什么呢？

答：我们知道，太极动静而生阴阳，阴阳互感而生五行四时男女万物，万物流变，周而复始。太极生于无极，唯有无极因混沌未开而寂然不动，无极才是宇宙真正的本源。这就是《易经》对宇宙终极的界定。"无极"是什么？我的理解，无极就是平衡。正所谓阴阳平衡谓之道，正是平衡即无极催生了太极，乃至天地万物。

第四节　巴门尼德：存在即一

问：西方哲学起源于古希腊。以巴门尼德、柏拉图、亚里士多德等为代表的哲学家们，对于宇宙本源的探寻广泛而深入。您的观点与他们的哲学思想存在何种关联，有何不同？

答：古希腊汇聚了一批智慧高人，开启了人类哲学乃至科学研究的第一波思潮，并将哲学研究推到了高峰。下面，我分别将巴门尼德、柏拉图、亚里士多德的相关核心思想，依次与我的推论进行对比分析。

先说巴门尼德。巴门尼德哲学思想的核心，是对于"存在"的追问。万物存在的根本到底是什么？古希腊哲学家把对宇宙的终极追问集中在一个词上，这个词就是 Being，译成汉语，就是"存在""本质"。那么，巴门尼德心目中的 Being 是什么呢？他认为"存在即一"，"一"就是存在的本质。但他并没有说出这个"一"究竟是什么，正如老子说"道"是宇宙的本源，却没有解释"道"究竟是什么一样。后人也一直在揣摩这个"一"到底是什么，但始终没有找到确切答案。

问：那就请您具体谈谈。

答：巴门尼德虽然没有解释"存在即一"的"一"到底是什么，但他却给这个"一"描画了一些特性，诸如："一"是永恒的，是不生不灭的；"一"是无所不在的，连续不断的；"一"是不动的，是真实的，可以被思想；等等。

在具体分析巴门尼德关于"一"的特性之前，我们先做一个推断。我在前面推论了宇宙的本源是平衡，而平衡就是一个"等式"。**从数学表达方式看，既然是等式，等式两端的符合度就必须是 100%。而这个 100% 的另一种表达方式，即为"一"。由此可见，宇宙万物的本源是"一"，而"一"的本质就是平衡。**

下面，我们来具体分析巴门尼德所描述的"一"的存在特性及其与平衡的关系。

首先，"一"是永恒的，不生不灭的。很显然，"一"的这个特性正是平衡所具备的。平衡是宇宙万物形成背后的终极根源，无论万物存在还是消失，平衡永远存在，不会消失。因此，平衡具备永恒和不生不灭的特性。

其次，"一"是无所不在的，连续不断的。平衡决定并生发了万物，与万物同在，所以说平衡是无处不在的。万物是不断演化的，并且这种演化是连续不断的，而万物演化的根本依据就是平衡，因此，平衡在宇宙间的存在当然也是连续不断的。

再次，"一"是不动的，是真实的，可以被思想。意思是说，宇宙万物流变，既被推动，又推动其他事物，但追踪到源头，终究有一个不动者。这个不动者，虽然自身不动，但可推动他物。我们来看平衡，它推动万物生发，而自身永远不变，它真实存在，却看不见、摸不着，但可以被想到。这不与"一"的特性完全相同吗？

由此可见，"存在即一"的"一"，其本质就是平衡。这就像踢足球一样，巴门尼德已逼近"宇宙之门"，揭示了"一"是宇宙的本源，却没有完成这最后的"临门一脚"，没有说出"一"究竟是什么。我现在做出进一步的解答："一"就是平衡。

另外，关于巴门尼德的"Being"是什么，海德格尔①

---

① 马丁·海德格尔（1889～1976年），德国著名哲学家，20世纪存在主义哲学的创始人和主要代表人物。海德格尔思想的核心是：个体就是世界的存在。认为人类通过世界的存在而存在，世界是由于人类的存在而存在。他将存在的指谓指向了"存在"的规定性，即存在者"为何存在、如何存在、能否存在"，以这个规定性来指谓"存在"，认为"存在"是一切哲学问题的本源。

和黑格尔①都解释为"是"。宇宙万物表达为"××是
××"。我认为，"××是××"即"××＝××"，这
个"是"，就是一个"＝"。诚如我在前文所述，"＝"不
就是平衡吗？

第五节　柏拉图：理念

问：希腊三贤之一的柏拉图，是西方哲学的奠基
者。您如何解读柏拉图的思想？

答：柏拉图哲学的核心思想是"理念"，他的哲学
因此被称为"理念论"。柏拉图将世界分为可感的现象
世界和超越于现象世界的理念世界。所谓"理念"，不

---

① 格奥尔格·威廉·弗里德里希·黑格尔（1770～1831
年），德国著名哲学家，德国19世纪唯心主义哲学的代表人
物之一、也是西方近代古典哲学的代表人物之一。黑格尔哲
学体系的核心概念是"绝对精神"，他指出，绝对精神是先于
自然界和人类社会永恒存在着的实在，是宇宙万物的内在本
质和核心，万物只是它的外在表现。黑格尔的整个哲学正是
对"绝对精神"的发展过程及自我认识过程的系统阐述。

可被人感觉到，但可以被人认识到。柏拉图认为，"理念"是整个宇宙存在运行的根本依据，每一个事物都有一个"理念"，"理念"具有三个层级。

问：请具体解释。

答：首先，"理念"的最低层级是指具体事物的概念。柏拉图指出，现象世界的万物是"理念"的摹本。"理念"是"原本"，事物是"摹本"，现象世界摹仿了理念世界。这就好比人们用"桌子"这个概念统摄了所有现象世界各式各样的桌子，都叫"桌子"。我认为，这表达的就是"一统多"。柏拉图又说，万物是对"理念"的分有，意思是说，"桌子"这个概念又能生发出各个具体的桌子。只要"桌子"这个概念存在，现象界的桌子消失了也没关系，可以再打造出一个个桌子来。我认为，分有性表达的是"一生多"。

第二层级的"理念"是数学和几何，其本质就是数理逻辑，表达为方程式或原理。这个"理念"才是事物存在的本质。如，浮力原理决定着船的存在，勾股定理决定着直角三角形的存在，等等。方程式或原理，表达的是"一等多"。

所以我认为，柏拉图的"理念论"间接地表达了宇宙运行规律:"一统多""一生多""一等多"。

第三层级的"理念"是"至善"。柏拉图认为,最高的"理念"是"善",或者叫"至善",它是创造世界一切的力量,拥有至高无上的权力,其具有三大特性:本源性、永恒性、分有性。

理念论告诉我们,最低级的"理念"是具体事物的概念,即"某个概念＝一个或一类事物",而第二层级的"理念"是数理逻辑,即"×× ＝ ××"。所以说,无论初级"理念",还是第二层级的"理念",表达的都是等式,而无数个等式经过抽象后,其共相就是一个"纯等式","纯等式"即为平衡,而平衡恰恰具有本源性、永恒性、分有性三大特性。所以我认为,柏拉图所说的宇宙最高理念"至善"就是平衡。

第六节　亚里士多德:纯形式

问:亚里士多德是古希腊哲学的集大成者,"四因说"是他哲学思想的核心之一,能否分析一下"四因说"?

答：亚里士多德用"四因说"解释了宇宙万物生发的规律。"四因"分别是：质料因、形式因、动力因和目的因。亚里士多德认为，宇宙万物无外乎是由这"四因"产生。质料因是构成物质的材料，形式因是构成物质的原理，动力因是推动物质变化的依据，目的因是物质流变所要达成的目标。"四因说"是亚里士多德对古希腊第一圣贤泰勒斯，以及毕达哥拉斯、德谟克利特等先贤关于宇宙生成法则的概括与总结。随着思考的深入，亚里士多德又将"四因"归结为"二因"。他认为形式因、动力因和目的因在事物变化中，所表现出来的作用是一致的，三者都统一于"形式"，都属于形式因的范畴，因此，"四因"实际上就是"二因"，即形式因和质料因。随后，他又进一步指出，在"形式因"和"质料因"中，起决定性作用的是"形式因"。也就是说，"四因"中只有"一因"是根本。而在所有事物背后的形式因中，还有一个终极因，被称为"纯形式"①，这就是宇

---

① 纯形式，古希腊哲学家亚里士多德的哲学用语。指的是一切事物追求的终极目的，也是推动一切事物向前运动发展的"第一推动者"，它自身不动而推动万物，因此是"不动的推动者"。亚里士多德又把它称为"神"，他的第一哲学因此也被他称为"神学"。(《社会科学大词典》，中国国际广播出版社，1989 年版，彭克宏主编。)

宙的本源。

我的宇宙本体论，将时空的构成方式归结为"一生多"和"一统多"，决定这二者产生的是背后的"一等多"。而所有具体的"一等多"，都统一于抽象的"等式"，即平衡。我认为，这就是亚里士多德的"纯形式"。"平衡论"与"四因说"的关系见下图：

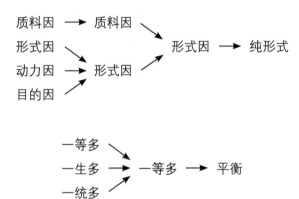

通过以上对比可知，我的宇宙本体论可以解析亚里士多德的"四因说"。亚里士多德认为，纯形式是推动宇宙运行的第一推动力[①]。但到底什么是"纯形式"？

———————

①　第一推动力，又称第一推动者，指一切事物的最终目的和运动的最终原因。为古希腊哲学家亚里士多德首次提出。后牛顿在研究天体现象时，也使用这一术语，指最初推动一切行星由静止而开始运动的某种外在力量。（亚里士多德著《形而上学》第十二卷。）

他没有说彻底。我的理解，"纯形式"就是"平衡"。以亚里士多德为代表的古希腊哲学家们苦苦追寻的"不动的推动者"，既要不动，又要能推动，不就是"平衡"吗？

第七节　牛顿、爱因斯坦：力是运动之源

问：前面您用宇宙平衡论剖析了东西方哲学关于宇宙本源的代表性观点。其实，科学也是探索宇宙奥秘的，您能否从科学的角度做进一步的分析论证？

答：好的。科学是哲学的分科之学，它的使命是对一些哲学命题进行细化研究，用可实证的方法，揭示其中的运行规律。而哲学则是科学的前瞻与先导，被称为科学之母。

近代科学的发展从哥白尼①算起，只有四百多年的

————————

①　尼古拉·哥白尼（1473～1543年），文艺复兴时期波兰天文学家、数学家、教会法博士、神父，近代天文学奠基人。哥白尼的"日心说"不仅改变了那个时代人类对宇宙的认知，而且动摇了欧洲中世纪宗教神学的理论基础。由于他的贡献而导致天文学革命，为人类文明进步发挥了重要作用。

历史，迄今已涌现出很多著名的人物，如伽利略[①]、牛顿、麦克斯韦[②]、爱因斯坦、霍金、杨振宁[③]等等，他们都在做同一件事情，就是揭示"物之理"，或者说追寻宇宙之理。

问：您能具体谈谈吗？

答：好的。首先，说一说牛顿[④]。牛顿对科学的贡献

---

① 伽利略·伽利雷（1564～1642年），意大利数学家、物理学家、天文学家，科学革命的先驱。他在科学实验的基础上融会贯通了数学、物理学和天文学知识，扩大、加深并改变了人类对物质运动和宇宙的认识。他开创了以实验事实为根据并具有严密逻辑体系的近代科学，因此被誉为"近代力学之父""近代科学之父"。

② 詹姆斯·克拉克·麦克斯韦（1831～1879年），英国著名物理学家、数学家。经典电动力学的创始人，统计物理学的奠基人之一。麦克斯韦的主要贡献是建立了麦克斯韦方程组，创立了经典电动力学，并且预言了电磁波的存在，提出了光的电磁说。

③ 杨振宁（1922～ ），安徽合肥人，著名物理学家。他在粒子物理学、统计力学和凝聚态物理等领域作出了杰出贡献，为现代物理学的发展奠定了重要基础。1957年，他与李政道因发现宇称不守恒定律，而共获诺贝尔物理学奖。

④ 艾萨克·牛顿（1643～1727年），英国著名物理学家、数学家，百科全书式的"全才"，被誉为近代科学的鼻祖，被

集中表现在一个字中，那就是"力"。他创立了经典力学，揭示了力的运行规律。后来，经过麦克斯韦、爱因斯坦、普朗克①、玻尔②等人的研究，逐渐发现了有别于牛顿万有引力的其他三种力，即电磁力、强核作用力和弱核作用力，至此，人类对于力在宇宙运行中的作用，才有了更加全面的认知。对于每一种力的作用，科学家们都给出了计算的公式，并且，除了万有引力外，对于其他三种力还实现了统一。

　　由此可见，人类最重要的科学研究，主要是围绕

认为是爱因斯坦之前最重要的物理学家之一。他发现和提出万有引力和三大运动定律的牛顿经典力学，奠定了此后三个世纪里物理世界的科学观点，并成为现代工程学的基础。牛顿在热学、光学、天文、数学等方面也做出了卓越的贡献。

　　① 马克斯·卡尔·恩斯特·路德维希·普朗克（1858～1947年），德国著名物理学家、量子力学的创始人之一。普朗克所创立的量子理论结束了经典物理学的统治局面，推动了现代物理学的一次重大变革。普朗克在物理学上的突出贡献，使其和爱因斯坦并称为二十世纪最重要的两大物理学家。

　　② 尼尔斯·亨利克·戴维·玻尔（1885～1962年），丹麦著名物理学家。他在卢瑟福模型的基础上，吸取了普朗克、爱因斯坦的量子概念，提出了原子结构的玻尔理论，从而为这一研究方向奠定了重要的理论基础。1922年获得诺贝尔物理学奖。

"力"展开的。一部人类的科学史，几乎可以看作是一部"力"的研究史。在科学家的眼里，探究"力"其实就是探究宇宙的本源。

问：爱因斯坦认为，整个宇宙的物理存在，可以简化为力或方程式。如何理解？

答：首先，还是来说一说"力"。其实，这又回到了哲学界的古老命题。无论是东方，还是西方，古代哲学家都认为，"力"是运动之源（后来逐渐认识到"力"还是存在之源）。但"力"到底是什么，人们只有模糊的认知。中国古代文献《墨经》[①]总结："力，形之所以奋也。"就是说"力"是物体奋起运动的原因。柏拉图认为，"力"是非物质的，是一切物理活动的根源。亚里士多德认为，"力"是一种"形式"，是万物运动的原因。但这些都不是正面回答。我们不能苛求先人，因为那时的研究手段和信息量是不可能说清这个问题的。经过科学家们几百年来对力不断深入的研究，力的本性才逐渐显露出来，也才有了爱因斯坦对宇宙本源的猜测。

----

① 《墨经》，战国后期墨家著作，指今本《墨子》中的《经上、下》《经说上、下》《大取》《小取》等六篇，也称《墨辩》，主要是讨论认识论、逻辑和自然科学问题的著作。

问：那么，力到底是什么呢？

答：牛顿经典力学揭示，力是一物与另一物发生联系时，相互作用的表达形式，它属于非物质范畴。当物体不与他物联系时，便没有力的发生，即 F=0，物体保持原有的运动状态（即惯性）；当发生联系时，力就产生，且作用力和反作用力大小相等，方向相反，并能计算出力的大小，即 F=ma。

当我们清晰地看到力的运行状态后，不禁要问：为什么力发生时会大小相等、方向相反？这背后的根本原理是什么？牛顿没有解释。我用本体论回答，这是由宇宙平衡原理的规定性所决定的，即平衡存在于万事万物之中，换句话说，正是相反相等的平衡，推动宇宙的演化运行。牛顿的力学，正是这种运行的经典反映。

牛顿是"上帝"的忠实信徒，他本意是想探究"上帝"是如何操作宇宙运行的，这让他找到了力。而平衡是宇宙的总源头，是平衡产生了一切力。换句话说，平衡就是"第一推动力"。

直到今天，科学界仍未能将"四力"，即万有引力、电磁力、强核力和弱核力统一起来。霍金说，谁统一了四种力，谁就找到了宇宙本源。我认为，平衡力正是这四种力的统一，平衡就是宇宙本源。

问：如何理解爱因斯坦所谓宇宙的物理存在是一个方程呢？

答：我在前文中已经论述过，宇宙万物存在背后的原理是"一等多"。科学家们用方程式表达他们对宇宙的理解，每一组方程就是某一类别的"一等多"，都是相反相等，即"×× = ××"。从这个意义上讲，爱因斯坦讲的宇宙的物理存在是力或方程式，指的是同一个内容。用我的本体论解释，就是平衡。宇宙的本源是平衡，平衡就是第一推动力，在宇宙万事万物中表达为力或方程式。

第八节　霍金：大统一理论

问：霍金在探寻宇宙本源的道路上取得了新的突破。您能否谈谈霍金的相关理论？

答：霍金确实是继爱因斯坦之后又一伟大的科学家，尤其在探索宇宙起源上做出了巨大贡献，他提出了黑洞和宇宙时空有限无界的理论。他坚信宇宙万物存在着一个终极理论，并在1988年出版《时间简史》时，认为人类掌握这个理论似乎已经胜利在望了，甚至与人打赌，可在 20 年内实现。然而，几十年过去了，直到他去世，还没有实现这个目标。他曾为这个理论描绘出了一幅图像。他认为，这个宇宙万物的终极理论，也就是爱因斯坦所追寻的大统一理论，应当具备四个特征：一是非常简单，普通人能够理解；二是能解释一切物理现象和事件；三是表达为一组定律或方程式；四是能够回答海森堡的"测不准"①原理。

我认为，宇宙的本源就是平衡。那么，平衡是否具备这四个特征呢？下面来分析一下。一是非常简单，普通人都能理解。正所谓大道至简，越是简单的东西越具有生命力。毫无疑问，"平衡"是简单的，通俗易懂，普通人当然能够理解。二是能够解释一切物理现象。"平衡"是能够解释一切物理现象的。比如，一粒种子的发芽，是因为种子与土壤、水分、温度达成了平衡所

---

① "测不准"原理，又称不确定性原理，由德国物理学家沃纳·卡尔·海森堡提出。该原理指出：不可能同时精准确定一个基本粒子的位置和动量。这个不确定性来自两个因素，首先测量某东西的行为将会不可避免地扰乱那个事物，从而改变它的状态；其次，因为量子世界不是具体的，但基于概率，精准确定一个粒子状态存在更深刻更根本的限制。

致。同样，动物的生长，也是因为动物与食物、水、氧气、温度等达成了平衡所致。反之，动植物的消亡是因为等式不再相等，失去了原有的平衡。宏观宇宙和微观世界莫不如此。三是表达为一组定律或方程式。所有的定律和方程式都是建立在等式基础上的，都可以表达为等式，是一种变化的、动态的平衡。四是能够回答海森堡"测不准"原理。这个理论是说，您不可能同时测定一个粒子的位置和它的速度。这表明微观世界的粒子行为似乎与宏观物质不一样。对这一现象，我们用平衡理论来解释，那是因为测量者对测试对象形成了干涉，进而影响了被测量粒子的行为。

问：这么看，"测不准"原理是仅针对微观世界说的。

答：是的。这种干涉在宏观世界里虽然也存在，但可忽略不计，而在微观世界里，因测量对象太小，这种干涉的影响便表现出来。具体说，就是在微观世界里，因测量者的介入，与粒子的存在达成了新的平衡，因而，您测定了它的位置的同时，由于干涉形成了新的平衡，速度就发生了变化，因此就无法确定速度。当您测定速度时，干预者又与位置达成了新的平衡，因此位置又发生了变化，无法确定。这就是"测不准原理"，它的背后就是"平衡"。举个例子说明，当我打电话给您，询问您此时在家"正在"干什么？您无法回答这个问题，因为，当您回答"刚才"在做什么时，您其实已在"接电话"；而如果您回答是"正在接电话"，显然我要的不是这个答案。为什么会这样？是因为我打电话给您，形成了干预达成了新的平衡所致。综上所述，可以说，"平衡论"是完全符合霍金所给出的关于宇宙终极原理即大统一理论的所有条件的。

另外，霍金还从量子力学角度提出，宇宙内总质子数等于总电子数，这一总等式从根本上决定了宇宙万物的演化规律。这一点正好与我的平衡论相印证。换句话说，"平衡"就是霍金等科学家苦苦追寻的宇宙终极原理。

问：科学上有一个著名的"双缝干涉实验"①，您用

---

① 双缝干涉实验，由英国物理学家托马斯·杨提出，是为了演示微观粒子的波粒二象性而做的实验。其具体方式是：将平行的单色光投射到一个有两条狭缝的挡板上，狭缝相距很近，平行光的光波会同时传到狭缝，它们就成了两个振动情况总是相同的波源，称为相干波源，它们发出的光在挡板后面的空间相互叠加，就发生了干涉现象。这说明，光在双缝干涉实验情况下，体现出了波动性。

平衡论可否解释?

答: 光到底是"波"还是"粒子"? 这可谓科学界的"世纪之争"。"双缝干涉实验"就是要解答这个问题。当光穿过双缝投射时,有时呈现波的形态,有时呈现粒子形态。为何会出现这种情况呢? 这与观察者(人或摄像头)介入有关。当观察行为对光形成了干涉,达成新的平衡时,光便呈现出粒子态。而没有观察者介入时,通过双缝的光子互相形成干涉,达至平衡,呈现出波态。总之,光的波态和粒子态,是分别由两种不同的平衡所致。也就是说,由两个不同的原因,形成了两个不相同的结果。打个比方,您正在家里看书,此时呈现的是看书态,而当您的母亲找您说话时,您的状态就发生改变,呈现出讲话态。这就是由于母亲找您讲话达成了新的平衡所致。

所以说,"双缝干涉实验"恰恰验证了平衡论,也验证了爱因斯坦所说的,什么理论都可以抛弃,但决不能放弃因果论。

问: 您很形象地解答了"双缝干涉实验"带来的疑惑。那么,您如何解释"泡利原理"?

答："泡利原理"①又称"泡利不相容原理"，说的是原子核外的同一轨道，不能容纳两个完全相同的电子，但能够容纳两个方向相反的电子。这是为什么呢？因为两个方向相反的电子，看似两物，实因相反相等已构成另一个整体，所以同一轨道可以容纳。这个原理恰好验证了"相反相等"的平衡理论。据此我还大胆推测，太阳系顺时针旋转的六大星球与逆时针旋转的金星、天王星，其整体携带的电荷及数量应该也是相反相等的。这个推测期待未来科学家去验证。

问：您又如何解释量子纠缠现象呢？

答：这和泡利原理有相似之处。所谓量子纠缠②现

①　泡利不相容原理，又称泡利原理，是微观粒子运动的基本规律之一。该原理指出：原子中不能有两个电子处于同一量子态上。也就是说，同一状态下两个相同的电子不相容，在一个原子轨道里，最多只能容纳两个电子，而且它们的自旋状态相反。如氦原子的两个电子，其在原子轨道上运行，电子云形状是球形对称，只有一个完全相同伸展的方向，自旋方向必定相反。这成为电子在核外排布形成周期性从而解释元素周期表的准则之一。

②　量子纠缠，是一种量子力学现象，是指粒子在由两个或

象，是指两个完全相同但方向相反的基本粒子，虽相隔千万里，但当一个粒子左旋的时候，另一个粒子必然右旋。这也正好验证了平衡论，正是相反相等才使两个粒子纠缠成为一个整体，虽相隔千万里，但仍不可分割。而正因为是一个整体，它俩必须"心心相印"，互为反旋。

第九节　杨振宁：对称性决定相互作用

问：前面您分别剖析了牛顿、爱因斯坦、霍金等人的理论，论证了物质存在及变化都是由平衡决定的，而杨振宁可谓当今最伟大的物理学家之一，能否谈谈杨振宁的理论？

两个以上粒子组成的系统中相互影响的现象，即使相距遥远，两个粒子之间也会相互感应，当其中一个粒子状态发生变化，另一个粒子会感应到，会发生相应的状态变化，并且两个粒子呈现出的运动状态刚好相反，也即如果一个向左旋转，另一个则会向右旋转。

答：好的。1957年，杨振宁和李政道因共同提出了"宇称不守恒定律[①]"而一举摘得诺贝尔物理学奖的桂冠。

问：那就请您先说说这个"宇称不守恒定律"，它符合平衡原理吗？

答："宇称不守恒定律"是指两个互为镜像的同一种粒子，会出现两种不同的衰变结果。在1957年前，宇宙守恒是无法撼动的天条，而杨振宁和李政道两位科学家惊奇地发现，θ和τ虽然是同一种粒子，但因为τ反方向旋转，在弱核力的作用下衰变成了3π，而θ衰变的是2π，其衰变的结果完全不一样，即不守恒。这个发现被科学家吴健雄用"钴60"实验予以证明。如何解释这种现象呢？这是因为θ和反转的τ在弱核力的作用下，分别达成了两个不同的平衡态，形

① 宇称不守恒定律，由杨振宁和李政道于1956年共同提出。是指在弱相互作用中，互为镜像的物质的运动不对称。经杨振宁和李政道深入研究，发现在弱相互作用的环境中，τ和θ是完全相同的同一种粒子（后来被称为K介子），但将τ和θ分别向左旋转和向右旋转，它们所放射出来的电子数出现很大差异，且电子放射的方向也不能互相对称。由此可见，"θ-τ"粒子在弱相互作用下是宇称不守恒的。这一理论被科学家称为"科学史上的转折点"。

成了两个不同的因，从而产生了两个不同的果，即 2π 和 3π。θ 和 τ 两者衰变的结果虽 "不守恒"，但它们各自衰变的过程，仍符合平衡原理。所以说，"宇称不守恒定律" 不仅不违背 "平衡论"，还恰恰验证了宇宙 "平衡论"。

问："宇称不守恒定律" 并不是杨振宁的最高成就，其最大的贡献是杨 - 米尔斯理论。如何理解这个理论呢？

答：杨 - 米尔斯理论是杨振宁 1954 年发现的，比 "宇称不守恒定律" 还早两年提出。虽然它不是一个标准的物理模型，但却是现代规范场论和粒子物理标准模型的基础，对于二十世纪后半叶以来现代物理的发展起到了重要的引导作用。

我们都知道，爱因斯坦先后提出了狭义相对论和广义相对论，他希望找到一种理论，即 "大统一" 理论，能统一解释从宏观到微观所有力的作用规律。但是，他穷尽后半生都没能统一引力和电磁力。而杨 - 米尔斯理论却大大推动了 "大统一" 理论的进程。在目前已知的四种基本力里，除了引力，其他三种力都是杨 - 米尔斯理论描述的。

物理学的发展史是一部不断统一的历史，而在这部统一史中，杨振宁的地位不可取代。这也是杨振宁被称为当今最伟大物理学家之一的原因。

问：杨振宁是如何做到的呢？

答：这主要得益于现代物理学研究方法的反转。传统物理学研究，是先做各种实验，测量各种数据，然后找出这些数据中的规律，最后抽象提炼出某种定律，也就是理论。理论确立后，可以再发掘理论背后的某种性质，也就是支撑理论的那种规范不变性，即对称性。其路径是，实验→理论→对称性。但是，当事物变得日益复杂时，让实验去归纳理论已越来越难。于是，有人便反过来做，那就是先通过观察分析找到一个十分可靠的不变的特性，即对称性，再据此直接从数学上推导出它的方程，然后用实验数据来验证其理论是否正确，其路径改变为，对称性→理论→实验。

爱因斯坦正是用这种方法提出了相对论。杨振宁把这种思想发扬光大，并进一步夯实，推动建立了"对称性决定相互作用"的共识。"对称性"是杨 - 米尔斯理论的基石。后来的物理学家，借助于杨 - 米尔斯理论取得了一系列重大的突破，可以说，对称性已是现代物理学的核心。

那么，到底什么是"对称性"呢？我认为，所谓对称性，根本上就是"相反相等"，即 $\times\times = \times\times$，也即平衡。平衡就是对称性，对称性就是平衡。杨振宁的杨 - 米尔斯规范场理论已经接近爱因斯坦"大统一"理论的实现。所以说，杨振宁不愧为继爱因斯坦之后当今最伟大的科学家之一。他的理论同时也验证了宇宙本体平衡论。

我还想补充强调一点，关于科学家的宇宙观，无论牛顿、爱因斯坦还是杨振宁，他们都相信，这个宇宙在冥冥之中有个"造物主"的存在，正是它决定了宇宙的一切。他们说的"造物主"绝不是普通人所理解的"神"，而指的是一种"规定性"（其本质就是对称性）。正是这种"规定性"生发了空间结构和时间过程。爱因斯坦还说，一切都是安排好的。科学家的任务就是解析万事万物背后具体的"规定性"。而宇宙的"总规定性"又是什么呢？现在我从哲学的角度推断，这种"总规定性"或者说"造物主"，就是平衡。

问：以计算机为核心的人工智能已全面进入人类社会，人工智能的运作是否也受平衡所制约？

答：计算机运行的核心是编程。在计算机的世界里，电流为其提供能量，高电平和低电平的时序排列，用"0"或"1"的组合来表达。这种二进制"0"和"1"的美妙组合，模拟展现出了多姿多彩的世界。每种具体的组合，对应着具体的事物。那么，"0"和"1"的本质是什么？我们现在知道，宇宙的本源是平衡，也就是一个等式，在宇宙万物之中表达为"一等多"，即"×× ＝ ××"。根据数学原理，×× ＝ ××，可以转换为：×× - ×× ＝ 0，×× ÷ ×× ＝ 1。也就是说，"0"和"1"是宇宙本源平衡即等式的两种表达形式。"0"和"1"就是宇宙运行的密码。所以，无论是计算机，还是人工智能，本质上都是模拟了宇宙的运行法则，依天道而行。换句话说，计算机的编码"0"和"1"，源于宇宙的密码"0"和"1"。

问：以上关于科学家探索宇宙奥秘的剖析，您说得很明白。您用"平衡论"的钥匙解开了物质的真相，并用哲学的观点回答了科学家们苦苦追寻的大统一理论。您还有什么要补充的？

答：科学是人类用理性和实践构筑起的宏伟大厦，为人类社会的发展做出了巨大贡献。我想补充说明的是，对于科学，我无力也无意对其精深的内涵做深入的表述，只是抓住其最本质的部分作了哲学上的剖析。科学追寻的就是真理。科学的探索之路就是不断发现真理之路。而科学的结论是，事物相互作用产生"力"，"力"推动着宇宙万物的生成与演化，其本质就是平衡。

第十节　佛陀：缘起性空

问：您在前面分析了哲学和科学对宇宙本体的探究。人类意识还有一个重要领域，那就是宗教。宗教对世界和人生现象有着自己的解释。您如何解读宗教？

答：宗教是一种特殊的社会意识形态。人类为什么会有宗教呢？以色列历史学家尤瓦尔·赫拉利[1]认为，宗教产生于人类的认知革命。随着脑力的进化，人类对自然的恐惧感越来越强烈，并发出了很多疑问。为了给出一个合理的解释，便创造了"神"的概念，并围绕"神"虚构了一系列的故事，以此来消除苦恼

① 尤瓦尔·赫拉利（1976～），以色列历史学家、作家，耶路撒冷希伯来大学教授，代表作有《人类简史》三部曲等。

与不安，甚至确立社会伦理道德规范以及人的行为价值体系。所以，赫拉利说："人类历史开始于创造神。"也就是说，人类的认知革命催生了宗教，宗教代表了人类最初的理性，表达了对宇宙和人生的理解。

大凡宗教都相信超自然的力量，而无论哪一类宗教，首先要解释那种神性的超自然力量是如何影响宇宙人生的，然后才能教导信徒如何修道行事。

问：您的理论能解释宗教现象吗？

答：这正是我接下来要阐述的。我们都知道，每个宗教都有自己的教义，其核心就是宇宙观（世界①观），这是宗教的哲学部分。宗教的观点虽无法证实，但也不可证伪。即便到了科学大踏步发展的今天，人类对于很多解释不了的问题，仍然会交给宗教。比如，关于宇宙本源或本质的问题，宗教都有自己的解释。

---

① 世界，来源于佛教，"世"指时间，"界"指空间。据《楞严经》卷四载：世，即迁流之义（时间）；界，指方位（空间）。即时间上有过去、现在、未来三世之迁流，空间上有东南西北、上下十方等定位场所之意，且涵盖了时间、空间不可分割的道理。世界又分为有为世界和无为世界：有为世界指可感知世界，无为世界指超越相对世界之绝对世界。

问：我们从哪里谈起？

答：在基督教①、伊斯兰教②和佛教三大宗教中，佛教对中华文明影响最大，也最为我们中国人所熟悉。就先从佛教谈起吧。

佛教③诞生于2500年前的古印度，有汉传佛教、藏传佛教和南传佛教等分支，在各自的发展过程中，又形成了众多宗派。但无论哪个宗派，对宇宙本质的解释，

① 基督教，是对奉耶稣基督为救世主的各教派的统称，起源于公元1世纪罗马帝国统治下巴勒斯坦地区的犹太团体，由犹太教演化而来。该教以《圣经》为核心教义，认为人生来就带有原罪，只有基督耶稣能够拯救人类。基督教覆盖人数占全球总人口的三分之一，为世界第一大宗教。

② 伊斯兰教，穆罕默德于公元7世纪初在阿拉伯半岛创立，至今已有1300多年历史，中国旧称回教、清真教或天方教。伊斯兰教的基本信条是："万物非主，唯有真主，穆罕默德，主的使者。"信仰伊斯兰教的人被称为"穆斯林"，信奉经典为《古兰经》。

③ 佛教，由释迦牟尼于公元前6世纪至前5世纪创建于古印度，之后广泛传播于亚洲及世界各地，并形成了众多宗派，为世界三大宗教之一，也是世界上最古老的宗教之一。在两千多年的传播和发展中，形成了《金刚经》《般若波罗密多心经》《大藏经》《大佛顶首楞严神咒》《华严经》《佛说阿弥陀佛经》等众多的经典，成为人类历史上一笔丰厚的文化遗产。

都坚守一个根本观点，就是"缘起性空"。佛学思想华丽多彩，但"缘起性空"是其基石。

问： 怎么理解"缘起性空"[①]？

答： 所谓"缘起"，是指万事万物起始于"缘"，因为有了"缘"，才有了事物这个"果"。那么"缘"到底是什么呢？最简单的理解就是一物与它物（包括人）之间的联系。当这种联系达成"和合"状态的时候，才会成为"缘"。因为有了这个"缘"，才产生了相应的事物。而万事万物正是特定"缘"的呈现，这就是"缘起"的含义。所谓"性空"，是对"缘起"的补充说明，相当于老子说"道"是"无"一样。既然万事万物因"缘"而生，那万事万物也就没有自己的本性，其本性为空。

问： "缘起性空"与平衡论有什么相通之处呢？

① 缘起性空，佛教用语，出自《金刚经》。所谓"缘起"，指的是世界上没有独存性的东西，也没有常住不变的东西，一切都是因缘和合所生起。所谓"性空"，指的是因缘和合所生起的假有，本性是空的；如果自性不空，则不能有。这也是"真空生妙有"的意义所在。

答：从平衡论看，"缘"既然是一物与它物（包括人）的联系，这种联系就是"和合"状态，而"和合"状态的本质就是平衡，"缘起"即"平衡生发万物"，这也印证了平衡是宇宙的本源。

问：请举例说明。

答：人们常说"种瓜得瓜，种豆得豆"。瓜籽如何变成瓜？豆种如何变成豆？一般人只看到了瓜籽与瓜的关系、豆种与豆的关系，这只是表面上的物与物的联系。其实，这里还有一个关键动作，就是"种"。"种"是在干什么？就是让瓜籽或豆种与土壤、水分、空气、阳光、温度相结合，建立一种联系。只有当这种联系达成一种固定的平衡关系的时候，才会长出瓜苗和豆棵，进而得瓜或得豆。这就是"缘起"。单有瓜籽和豆种形成不了"缘"。如果瓜籽和豆种与土壤等达不成平衡，也不可能得瓜和得豆。这就是通常所说的"有缘无分"。好比父母生孩子，单有父亲生不了，单有母亲也生不了，只有当父亲的精子和母亲的卵子相结合，达成平衡关系，也就是生成了受精卵之后，才会生下孩子。所谓"爱情的结晶"，就是一种特定"缘"即平衡关系的表达。我们再看鸡蛋孵小鸡，表面上看，小鸡是鸡蛋变来的，其实真正的原因是，鸡蛋与温度达成了特定的平衡关系后才孵化出小鸡，是鸡蛋与温度所结之"缘"，即平衡关系的结果。温度高了或温度低了都不行。还有，我们都知道，门捷列夫的元素周期表列出了118种元素，这些元素构成了世界上的物质。具体来说，原子间因"缘"生成分子，分子间因"缘"生成物质。

问：那么，元素又是如何形成的呢？

答：不同的元素是根据其原子核所携带的不同电子数而形成的。而能带多少个电子，则取决于原子核内质子的数量。质子带正电荷，电子带负电荷，正负相吸达成电中性。这就是说，正是电中性才是所有元素得以形成的"缘"。

佛教用"缘"解释了人们所感受到的这个世界的本质。"缘起性空"意味着，这个世界别无他物，人们感受到的世界只是现象，而这种现象都是"无常"的，真实的世界无非就是一个"缘"，人们所感受到的一切，无非是千千万万个"缘"的表达。我认为，这个"缘"根本上就是一物与他物的平衡关系或者说等式。所以，佛教"缘起性空"所说宇宙的本质是"缘"，而"缘"就是平衡。

问：佛陀解释了世界的本质后，在教人如何修行时，提出了"中道"的概念。这如何理解？

答：相传，当年佛陀在菩提树下苦苦修行，直到把自己折磨得面黄肌瘦不成人形依然参悟不得。此刻，忽然从附近的船上飘来悠扬的琴声，煞是好听。他便问弹琴者，为何能弹出如此美妙的琴声。弹琴者告诉他，琴弦紧了不行，松了也不行，只有把琴弦调到松紧"刚刚好"的状态，琴才能发出美妙的声音。佛陀听后恍然大悟——原来修行就是要坚守"中道"二字。

问：什么是"中道"？

答：所谓"中道"，就是要避免两个极端。一个极端是一味经由感官的享受去追寻快乐，这是低级、平庸、无益的凡夫之道；另一个极端是通过各种自虐的苦行以寻求解脱，这是痛苦的、无价值的、无益的。正确的做法，就是一种不偏不倚、恰到好处、"刚刚好"的自然状态。而达到平衡，不就是恰到好处、"刚刚好"吗？这就是佛教的"中道"，它与中国人的中庸、中和①异曲同工，本质上都是平衡观，寻求的就是一个等式，一种"刚刚好"的状态。所以，"中道"是"缘"在方法论层面的具体体现，与"缘"一脉相承。

佛教的"中道观"与"缘起论"形成了极好的呼应，更重要的是解决了"缘"在人生修行中的落地问题，避免了关于"缘"的空洞与武断，形成了较完备的哲学体系。前者是方法论，后者是宇宙观。所以说，在所有的宗教中，佛教的哲学思想是最华贵、缜密而系统的。

以上是我用"平衡论"对佛教本体论的解析。佛教各宗派对此都各有论述，特别是对"缘"的解释意见纷呈，而我的回答是，佛陀所说的"缘"就是平衡。

---

① 出自《易经》：喜、怒、哀、乐之未发，谓之中；发而皆中节，谓之和。中也者，天下之大本也；和也者，天下之达道也。道之所以能化生万物，是因为道蕴涵着阴阳，宇宙万物都包含着阴阳，阴阳的互相运化、作用，而形成中和。所谓"和"，即指阴阳的平衡、和谐状态，是宇宙万物的本质以及天地万物生存的基础。

第十一节 《圣经》: "上帝" 是谁?

问: 以上您谈了佛教的哲学思想。那么，其他宗教是怎么样的呢?

答: 我前面说过，大凡宗教，都会对这个世界的本源或本质有一个基本的假设，然后，在这个假设的基础上，建立一套用于人修行的制度和行为规范。当然，这里说的假设，一定是根本性的，对于信徒来说就是真理，他们以此为信仰。

问: 刚才您用了"假设"这个词。随着科技的发展，宇宙的奥秘被不断揭示。不过到目前为止，至少在物理层面还无法证明"上帝"的存在，为何还有人信奉"上帝"呢?

答: 这要回到宗教的起源上去分析。宗教是最初人类追问世界真相的产物，因追问不得，才用一个概念收纳了人类所有的疑惑，并把这些疑惑交给了"上帝"。但这并不排除人们还会探寻"上帝"到底是怎么想和怎么做的，这便成了哲学及科学的使命。人类一直按照自认为正确的法则去做事，可以解释的归于哲学，可以求证的归于科学，不能解释的交还给"上帝"，正所谓"凯撒的归凯撒，上帝的归上帝"①。由于科学的探索没有尽头，"上帝"似乎也就永远存在。所以，在西方，科学与宗教并行不悖，这从一些科学家们的态度来看就可以理解这一点。爱因斯坦终其一生也没有找到宇宙大统一理论，最终不得不感叹，这个世界依然被"上帝"所主宰。他甚至说，离开宗教的科学是瞎子，离开科学的宗教是跛子。杨振宁感叹于宇宙万物结构的精致严密，也不得不承认"造物主"的存在。霍金坚信宇宙有一个终极原理，但在找到这个原理之前，也只好姑且承认"上帝"存在的合理性。在这些科学家心里，"上帝"实际上就是宇宙万物真理的化身。

其实，在西方，也一直有人质疑"上帝"是否真

---

① 此语出自《圣经·新约》，是耶稣面对欲陷害他的人说的话，当陷害他的人问他，商人纳的税应该交给凯撒吗？耶稣说出了"让凯撒的归凯撒，上帝的归上帝"这句千古名言。从这一典故中引申出了多重含义，其中一层含义就是，人们要遵守本分做好自己该做的事情，身在其位，尽忠职守，来保证社会的平衡和安定。

的存在。康德①就不承认"上帝"的真实性。但他在深入思考了宗教现象后，认为人们在心中假设有一个"上帝"存在，比没有这种假设要好。"上帝"仿佛是一位判官，时刻监督着人类的行为，让人有敬畏之心，这有利于世道的平和与人心的安宁。他用那句名言："位我上者，灿烂星空；道德律令，在我心中"②，表达了对天地自然的敬畏之心。显然，康德心中的"上

① 伊曼努尔·康德（1724～1804年），德国著名哲学家、作家，德国古典哲学的创始人。其学说深深影响了近代西方哲学，并开启了德国古典哲学和康德主义等诸多流派，被认为是继苏格拉底、柏拉图和亚里士多德后，西方最具影响力的思想家之一。康德哲学思想的核心是"先验论"，他认为人类的认识能力是由感性而到知性，再由知性而到理性。与理性相对应的逻辑形式是推理，从推理的形式可以推出理性的最高概念。"先验论"是康德哲学体系的逻辑起点，他以此为基础，构筑起具有深远影响的批判哲学体系。他认为"先验"是自我具备感性的时空形式与悟性的范畴形式，是一切认识经验产生的必然条件。

② 位我上者，灿烂星空；道德律令，在我心中。李泽厚译伊曼努尔·康德的名言。这句话揭示了人类在天地自然面前应有的敬畏之心。（李泽厚、陈明著《浮生论学》，华夏出版社，2002年版。）

帝"，就是这灿烂星空的运行规律，也就是东方哲学所谓的"道"。

问：那么，您认为"上帝"到底是什么呢？

答："上帝"是基督教的至高神，被信徒认为是宇宙的创造者，全知、全能、全善。但"上帝"具体是什么，至今无人做过明确指向，只是"上帝"的特性不断被人描述。《圣经》说，"上帝"创造天地，是宇宙万物的主宰，所以他的第一特性就是创世性；世间万物皆会流变，唯有"上帝"是不变的，而且又无处不在，决定了万事万物的存在与变化，是如如不动的推动者，所以具备永恒性；"上帝"面前人人平等，他具有赏善罚恶的功能，因而"上帝"也是最公平的，所以具有公平性；"上帝"代表了最高的标准，他是没有缺陷的，所以"上帝"具有完满性。这就是"上帝"的四个特性。

问：您认为，宇宙的本源是平衡，那么平衡是否也具备这四种特性呢？

答：当然具备。首先，平衡创造时间、空间，以及宇宙万物，所以平衡具有创世性。其次，平衡是无时不在、无处不在的，因此，平衡具有永恒性。第三，平衡是一个等式，代表的是"对了"，"对了"才能够存在，"不对"就不能够存在。所以说，平衡是衡量事物能否存在的标准，它具有公平性。第四，平衡表达的是万事万物处于最佳状态，当然具有完满性。

《圣经·约翰福音》还说："太初有道，道与神同在，道就是神。"意思是说"道"就是"神"或"上帝"。而我在前文已论述了平衡就是"道"。

综上所述，"上帝"的特征完全符合平衡的特性。"上帝"是谁？我的回**答："上帝"就是平衡**。

第十二节　真、善、美

问：无论是佛教，还是基督教，或者其他宗教，都不约而同地追求真、善、美，这是为什么？

答：宗教追求真、善、美，其共同目的就是，消除人们内心的恐惧与不安，匡扶世道人心。为什么所有的宗教都不约而同地将真、善、美作为追求的目标？这就需要理解真、善、美的本质，以及它们和天道"平衡"

之间的关系。

什么是真？如果用数学等式来表达，就是等式两端完全相等，这才能称其为真。等式即为"平衡"。所以说，平衡是真之本。

什么是善？就是"好的"，就是"做对了"，而平衡（等式）就是"对了"，只有达到平衡，即"做对了"才能存在。而与"善"相对应的"恶"，则是"坏的"，就是"做错了"，或者说"不对"，"不对"就是违背了平衡（等式），就不能存在。所以说，平衡是善之根。

什么是美？李泽厚认为，美的本质是协调。无论是主观的审美，还是客观的美，都要求协调。所谓协调，就是平衡，达至平衡方为美。所以说，平衡是美之源。

不仅宗教，在我们的日常生活中，也处处充满着对真、善、美的追求。真、善、美是人的主观感受，是人类意识对宇宙本源的理解与期盼。只有追求真、善、美，社会才能变得和谐向上，人类才能生生不息。可以说，真、善、美就是"上帝"的化身，其本质就是平衡，正是天道平衡规定并展现出了真、善、美。

第十三节　平衡为本

问：以上您论述了宇宙的本源是平衡，平衡具有决定性、绝对性、永恒性。但我们通常认为，静止状态是平衡的，而运动状态是不平衡的，这如何解释？

答：物质的静止状态，是由平衡决定的，这一点显而易见。而物质的运动状态其实也是由平衡所决定的。这是为什么呢？依据牛顿力学定律，物质的运动形式是由力和物体质量及速度达成的平衡（$F = Ma$）决定的，因此，物质的运动状态同样由平衡所决定。所以说，无论物质的静止状态，还是运动状态，都是由平衡决定的，平衡决定了一切。平衡是绝对的、永恒的。

问：这样就好理解了。前面您依据科学理论，推导并发现宇宙的本源就是平衡。您还从哲学、科学、宗教等角度进行了阐述和论证，做到了与往圣先贤的遥相呼应、前后相继，并且还用"平衡论"解答了他们思想中的谜团，特别是对"道""上帝""力"和"缘"的解释让人眼前一亮。您认为自己的超越或突破在哪里？

答：需要说明的是，我对于宇宙本源的探究，是沿着往圣先贤的足迹继续前行的，并且站在他们的肩膀上而借梯登高。

我通过对时间是"一生多"，空间是"一统多"的抽象分析，并依据元素周期表各元素的演化形成，推导出"一等多"决定着"一生多"和"一统多"，进而推断宇宙的本源就是平衡。

平衡是宇宙的本源，是宇宙的总源头，它具有源头性、决定性、永恒性，不受时间、空间及任何条件的限制，具有终极性质和绝对意义，所以说，平衡就是人类苦苦追寻的终极真理。 平衡理论的提出，是对宇宙本源真相的揭示，由此揭开了人类思想史上的万古之谜。

我想特别强调的是，真理是客观存在的，是不以人的意志为转移的，是相对真理和绝对真理的辩证统一体，而无数个相对真理的总和构成绝对真理。我据此认为，客观规律是真理，所有客观规律（包括定理、原理、定律等）都分别表达为一个等式，即 $\times\times = \times\times$，而所有的 $\times\times = \times\times$，经过进一步抽象，其共相不就是一个"＝"吗？而"＝"就是平衡。因此可以说，平衡就是相对真理的"共相"，就是相对真理的总和，就是绝对真理或终极真理。

问：您发现并论述了平衡是终极真理。既然是终极真理，就应该能够解释世界的一切现象。您认为平衡可以做到吗？

答：平衡决定着时间和空间的产生，亦即决定着宇宙万物的存灭，平衡当然可以解释世界的一切现象。

问：请您举例说一说。

答：好的。我从自然、社会、人生这三个方面来简要谈谈。

首先说说自然现象。先从熵增定律[①]开始说起。熵增定律是克劳修斯提出的热力学定律，表达的是世界中极其普遍的一种现象，即热量从高温流向低温是不可逆的。一杯热水放在寒冷的冬天，杯中的水就会慢慢变冷，一杯冰水放在炎热的夏天，水的温度就会渐渐

———————

① 熵增定律，克劳修斯提出的热力学定律。克劳修斯引入了熵的概念来描述这种不可逆过程，即热量从高温物体流向低温物体是不可逆的，其物理表达式为：$S = \int dQ/T$ 或 $ds = dQ/T$。

升高，而变成一杯温水。这是为什么呢？这就是热量传递达到平衡，是平衡使然。再比如说，我们在空调房间里打开门窗，冷热空气必然对流，这同样是由平衡原理所致。

还比如说，洪水泛滥和极度干旱等自然灾害频发，实际上是人类过度的生产生活破坏了自然生态，从而导致极端恶劣天气的发生，进而产生一种沧海桑田的新平衡，究其本质，仍然是平衡。也就是说，自然界中的乱象，看起来似乎是不平衡的，但本质上还是由平衡推动和决定的，并最终达至新的平衡。正如一座水库，正常情况下是一种平衡态，而当白蚁破坏大堤到一定程度，也就是达到"破坏程度＝大堤溃破条件"这种平衡态时，大堤就开始溃破。换句话说，自然现象的变化是一种平衡取代原有平衡，达到新的平衡。所以说，一切自然现象都是由平衡所决定的。

问：用平衡如何解释社会现象呢？

答：社会发展是动态演进的过程。社会发展到一定阶段，一定会出现两极分化的情况，穷者愈穷，富者愈富，形成所谓"马太效应"。但正如古人云，物极必反。当事物发展到极致，就一定要向原来的方向返回演进，也就是要达成新的平衡。"物极必反"所揭示的道理，正是平衡理论，即一切事物的发展变化，都由平衡所决定。

"马太效应"的出现，贫富极度分化，会导致社会阶层的撕裂，甚至引发纷争和流血冲突。因此有良知的社会学家、经济学家，以及一切有作为的政治家，都在积极寻求破解之道，努力构建新的社会平衡。"共同富裕""人类命运共同体"等理念，正是基于平衡原理而提出的人类发展方向和美好愿景。当然，"共同富裕"不是"均贫富"，而是先富带后富，逐步消除贫富两极分化，从而实现社会平衡协调发展。如果人类社会不主动消除两极分化达到社会平衡，就可能引发剧烈冲突而达到新的平衡，两条路径皆由平衡所致。所以说，一切社会现象都是由平衡所决定的。

问：人生现象又如何体现平衡呢？

答：这是生活中的常识问题，可以说司空见惯。比如说人的身体，当各项指标正常，就舒服，如果生病了，就难受。不论头晕、痛风还是关节疼痛，都是身体的某些指标失衡，阴阳平衡被打破所引起的，需要通过打针吃药或者调理，才能恢复平衡。

又比如说人的生理需求。人为什么要吃饭，要喝水，要洗脸，要理发？当然是饿了就要吃饭，渴了就要喝水，脏了就要洗脸，头发长了就要理发。这是再浅显不过的道理。而藏在背后的原理，就是平衡。当人感知身体某项平衡被打破，就会触发维持生理平衡的行为，这些行为甚至是不自觉的。正如《庄子》所谓"（道）在屎溺"[①]，即使是人的排便行为，也体现了平衡原理，当尿液及粪便使身体产生不适，人就会撒尿排便，以达到新的平衡。

再比如说人的机运，所谓祸兮福之所倚，福兮祸之所伏，听起来似乎很玄妙，实际上所说的道理，仍然是平衡使然。又如盛极而衰、否极泰来，依然是平衡所致。

还比如说，人的正常状态是平衡的，而生气状态表面上看是不平衡的，但其实也是一种平衡态，即"外部因素的刺激＝主体生气的条件"，是一种平衡状态取代原有的平衡状态。所以说，一切人生现象都是由平衡所决定的。

---

① 出自《庄子·外篇·知北游》（中华书局2015年版），意指"道"是无处不在的。

总而言之，无论是自然、社会和人生，一切现象都离不开平衡的支配，都是由平衡所决定的。

　　问：本章论述的内容十分丰富，几乎无所不及，又都始终不离主题主旨。现在请您为本章做一个小结吧。

　　答：我认为，**平衡是宇宙的本源，平衡决定一切**。平衡就是老子所说的"道"，平衡就是《易经》所述的"无极"，平衡就是巴门尼德所讲的"一"，平衡就是柏拉图的"至善"，平衡就是亚里士多德描述的"纯形式"，平衡就是佛陀所言的"缘"，平衡就是《圣经》中的"上帝"，平衡就是牛顿追寻的"第一推动力"，平衡理论就是爱因斯坦、霍金等苦苦寻找的"大统一理论"。总而言之，平衡就是终极真理。此为本体论。

　　斯宾塞·约翰逊曾说：这个世界永远在变，唯一不变的就是变化本身。而我认为：**这个世界永远在变，唯一不变的就是平衡。**

　　问：您认为探求宇宙本源有什么意义呢？

　　答：人类对宇宙本源的探寻，是一种由形而下而至形而上的终极关怀，最终目的就是要发现决定世界和人类命运的终极真理，并据此找到科学的方法论，以解决人类社会发展过程中的种种难题，让每个人活得简单、轻松、快乐而幸福。这就是我们探求宇宙本源的目的和意义之所在。

— 第三章 —

认识论

第一节　人脑运行规律

问：您在前面阐述了宇宙的运行规律，并揭示了宇宙的本源是平衡，平衡就是终极真理。而我们人类的行为是靠大脑指挥的，人脑的运行规律又是怎样的呢？

答：这是哲学上的另一个重大命题，即认识论问题。在哲学的初创阶段，人们并没有意识到这个问题，在探寻外部宇宙奥秘的过程中，科学家逐步发现，人的认知系统并非真空管道，而是被大脑的一些机能规定着的，它促使我们是这样而非那样认识事物。人类需要知道这些规定性，也就是要了解人脑的运行规律，并进而研究人类精神的起源和本质，只有这样，人类才能够避免盲目性。这就是认识论，也称为知识论。

问：那么，人脑的运行规律到底是怎样的呢？

答：我在序文中说过，本书的写作缘于"里斯之问"。正是这个"惊天之问"，开启了我探究认识论乃至宇宙本体论的历程。

问：请再详细说一说。

答：里斯和特劳特在研究定位理论的时候，发现人脑有一个特殊的记忆现象，即凡事只记得"第一"，人们记得最高的山是喜马拉雅山，美国第一任总统是华盛顿，而不记得第二、第三。这样的例子不胜枚举。比如，大家都知道世界上第一个登月的人是阿姆斯特朗，却很少有人知道第二个登月的人是谁。都知道第一个发现新大陆的人是哥伦布，第二个发现新大陆的人是谁，没有人知道。体育比赛，人们只记得冠军，很少记得亚军和季军。同样，人们往往会留意历史上的状元，却很少关注那些榜眼和探花。这样的例子，在我们的日常生活中也比比皆是，我们总是对第一次经历的某件事记忆犹新。比方说，您第一次去北京的情况会记得很清楚，但是第二次、第三次却不大容易记得。您与女朋友第一次约会的情境会终生难忘，之后的约会就不一定记得了。通过对此类现象的深入分析，里斯和特劳特得出结论：对于人类来说，"记得第一"是一种先天性的本能。不仅如此，动物的印随行为①也充分说明了这一点，刚孵化出来的小鸡乃至刚生下来的哺乳动物，会记住并跟随它首次见到的移动物体，即使不是母亲，也会跟着它走，并把这个"目标"当成自己的母亲。

问：听您这么一说，我还真有点吃惊。这到底是什么原因呢？

答：这正是我要寻求的答案。现在，我们来仔细分析研究一下，当面对外部事物的时候，我们的大脑到底是怎么思考运转的。试想一下，我们一旦启动大脑，是不是都要回答这样三个问题，即"是什么""做什么""为什么"。

首先来研究一下"是什么"。当我们确认事物"是

---

① 印随行为，是动物出生后早期的学习方式，如刚孵化的小天鹅如果没有母天鹅，就会跟着人或其他行动目标走。一旦印随作用发生，就不可改变——动物记住的并不是自己的母亲而是别的物体，如运动的玩具，甚至人类等。动物的印随行为，由奥地利生物学家康纳德·洛伦兹对灰腿鹅（或幼鸭）的实验得以证实。

什么"的时候，一定要明确两项内容：这个事物的"核心"是什么？"何时发生"？前者"核心"表达的是"最重要"或"最关键"，为"第一位"；后者表达的是开端，即"第一次"。

比如说，同学邀我参加毕业 30 周年聚会，我首先要明确的"核心"是"同学聚会"，即"第一位"，还要明确"何时参加"，即"第一次"。

下面，我们再来分析"做什么"。人们在回答"做什么"的时候，同样要明确两项内容：做的"核心"是什么？"何时开始"？前者表达的是"第一位"，后者表达的是"开端"，即"第一次"。

比如说，我答应和太太去香港旅游，首先要明确"核心"是"去香港旅游"，这是"第一位"，还要明确"何时出发"，这是"第一次"。

由此可见，"是什么"和"做什么"表达的都是"第一位""第一次"，也就是空间和时间。

问：如何解释"为什么"？

答：人们在思考"是什么""做什么"的时候，一定同时在思考"为什么"，也就是一定要分别给出理由。

比方说，某天，我的表兄打电话向我借十万块钱。

这里面暗含着一个"为什么"，即"亲戚关系＝可以借十万块钱"。我之所以借钱给他，也暗含着一个"为什么"，那就是"这个表兄可靠＝可以借十万块钱"。这就是我们大脑思考的基本规则，在明确"是什么""做什么"的时候，一定要回答"为什么"。而"为什么"其实就是一个等式。

类似的例子无处不在。年轻人谈恋爱，最后选择 A 而非 B，那是因为 A 的人品及其他条件与自己心中择偶的标准"相等"；一名员工从一家企业跳槽到另一家企业，是因为另一家企业给出的待遇条件与他心中理想的标准"相等"。我们常说，凡事皆有因，万物皆有理。人时刻追问"为什么"，就是依"理"而行事。这个"理"就是理由、道理或原因，表现出来就是一个等式，即第一性。

问："为什么"表达的是一个等式，这个好理解。但为何称作"第一性"呢？

答：等式表达的是自己心中得出的正确答案，而正确答案具有唯一性，而唯一性当然是"第一性"。

总而言之，"是什么""做什么""为什么"，是人脑最普遍也是最基本的思考方式，表达为"第一位""第一次""第一性"，三者都是"第一"。这就是人脑的运行规律。这才回答了前面的"里斯之问"——为什么人的大脑只记得"第一"。

问：人的大脑只记得"第一"，但为什么我们有时还记得"第二""第三"呢？

答：人们记得的所谓"第二""第三"，其实是另外某个范围和某种标准下的"第一"。例如黄山是最美的山，麦金利山是美国最高的山，阿尔卑斯山是欧洲最高的山，等等。再例如，黄河是中国北方最长的河流，密西西比河是美国最长的河流，伏尔加河是欧洲最长的河流，等等。

问：这样解释就比较好理解了。人脑运行规律是非常玄妙的问题，您是否再做个简要的概括？

答：好的。我们已经知道，宇宙以平衡为本源，演化万物，并具体通过"一等多""一生多""一统多"的方式呈现，其本质都是"一"。大脑的运行规律是"第一性""第一次""第一位"，三者都是"第一"，"第一"即"一"也。

问：为什么"第一"是"一"呢？

答：王弼①说："一，数之始而物之极也。"所谓数之始，即"第一次"；所谓物之极，即"第一位"。而"第一次"和"第一位"都是"第一"，所以，"第一"就是"一"。这说明了宇宙是一个"大球"，人脑是一个"小球"，两者运行规律完全相同，而"大球"的运行规律必然决定着"小球"的运行规律。

概而括之，人脑运行规律源于宇宙运行规律，表达为"第一性""第一次""第一位"，"第一性"起决定作用，皆为"一"。正所谓，**大道至简，简而为一**。

---

① 王弼（226～249年），字辅嗣，山阳高平（今山东省微山县）人。魏晋时期经学家、哲学家，魏晋玄学的代表人物及创始人之一。王弼自幼喜好老子，明察聪慧，年少有为，却不幸英年早逝，去世时才23岁。王弼继承了老子哲学思想中的"无"，建立了"以无为本"的本体论思想。他提出"有"之所始，以"无"为本，认为"无"生出了天地万物，又存在于天地万物之中，是天地万物赖以存在的根源。其作品主要包括解读《老子》的《老子注》《老子指略》及解读《周易》思想的《周易注》《周易略例》等。

第二节　精神的起源及本质

问：人脑的思维规律是如何产生的呢？

答：这涉及精神的起源和形成，也是哲学史上的一个重大悬疑。我认为，人类既是自然进化的产物，人脑的运行规律，也必然是一种进化的结果。

王东岳先生在《物演通论》[①]中，详细阐述了人类精神的起源和产生的过程。根据他的阐述，宇宙中，万物同质，万物一系。从无机物到有机物，从植物到动物，其最基本的构成，就是138亿年前奇点大爆炸所产生的基本粒子。宇宙万物皆由这些基本粒子演化而来。其中

----

① 王东岳（1953～），陕西人，当代著名哲学家、思想家。医学出身，毕业后脱离医界，专注学术研究，曾隐居终南山下，潜心修学二十年，终得独立思考出哲学著作《物演通论》。他提出的"递弱代偿原理"，把物质的演变运动放在了可以定量考查的基础上，化解了既往进化论的深层困惑，即在宇宙演运的进化过程中，为什么愈高级的物种，虽然生存技巧越来越高强（亦即"衍存属性"越来越繁华），却不能改变它们的存在效力越来越衰微的总体趋势。他的理论受到学界的关注，并引发广泛讨论。

最重要的表现，就是电子用它的负电荷去感应质子的正电荷，达成电中性，进而形成各种原子，再由原子形成分子，由分子形成细胞，再由细胞形成各类生命体，一路演化，最终产生了人类。而物质演化的过程，是由感应属性的不断增强为其先导的。原子阶段表达为电子与质子间的电磁感应，分子阶段表达为布朗运动①，细胞阶段表达为受体反应，而这正是人类精神的源头。

5亿年前，扁形动物出现了视觉，这样，代表无机物阶段的感应便升级为感性。到脊椎动物阶段，因神经中枢的出现而产生了知性。而到人类，随着神经系统及大脑功能的完善，最终产生了理性。**从感应，到感性，到知性，再到理性**，感应属性越来越高级，由此形成了人的精神现象，或叫大脑思维。

追根溯源，人脑思维或意识的产生，是从电子与质子的电磁感应开始的。电磁感应就是要达成电中性。那么，电中性的本质又是什么呢？是质子数＝电子数，我认为，归根结底就是平衡，是宇宙的本源——平衡决定了感应力的产生。因而，人脑思维的源头就是平衡，或者说，正是平衡决定并推动了人类精神现象的产生与发

---

① 布朗运动，指悬浮微粒永不停息地做无规则运动的现象。

展，人类精神归根结底起源于平衡。

由原子领域的感应到人类理性的演化，或者说精神现象由简单到复杂的过程，本质上是等式不断叠加的过程。感应阶段从一种等式开始，逐渐叠丰。而到了人类理性阶段，就有了无数个等式。但是，不论等式是多还是少，其本质都是一样的。著名的历史学家赫拉利说，人类的意识就是一种算法[①]。所谓算法，不就是求等式吗？所以，从根本上说，人脑的运行是受平衡支配的。对于人类来说，不仅能够学习掌握各种既有的等式，同时还能构建新的不同的等式。或者说，人一方面受制于天道，另一方面还能按照天道的法则去创造事物，这就是主观能动性。

王东岳依据奇点大爆炸理论，论述了精神起源于138亿年前基本粒子的相互感应，并一路演化形成。而我在此基础上进一步论断，精神起源于天道平衡。

---

① 人类的意识就是一种算法，出自以色列历史学家尤瓦·赫拉利著《人类简史》。赫拉利认为，人类的自我意识不过是一堆生化算法而已，人类正是通过这种"算法"导致各种行为的产生，可以说"算法"支配和决定着人的行为以及与世界打交道的方式。

问：什么是精神？人类精神现象的本质又是什么呢？

答：所谓精神，即意识或思维活动，是人类主体的大脑对客体的反应，亦即主体大脑与客体建立的平衡关系。人类精神现象，表现为思想、认识以及总结出的规律、原理、原因、定律等，还表现为道德、法规、政策、条例、制度、准则等，这些全是平衡（等式）的展现。

比如说"认识"。当您在水中见到一物在游动，而不知是何物时，有人告诉您这是鱿鱼，此时，您的大脑中就建立了一个等式，即"此物＝鱿鱼"；当您看见乌云遮蔽太阳，天上降下雨水，您将这种现象命名为"下雨"，此时您又建立了一个等式，即"此种天气＝下雨"。这些等式就是"认识"，或者叫"知识"。再比如说"道德"，人们在处理和父母之间的关系时，建立了一个等式，即"如何对待父母＝孝顺"；处理与孩子们的关系时，建立一个等式，即"如何对待孩子＝爱护"。这些等式表达的就是道德。又比如"定律"和"原理"，爱因斯坦的质能守恒定律和毕达哥拉斯发现的勾股定律，表达为两个等式，即 $E = mc^2$ 和 $a^2 + b^2 = c^2$；还比如说"制度",公司内部建立制度,迟到＝扣二十元钱、旷工三天＝开除。如此等等。一言以蔽之,**人类一切精神现象的本质都是平衡(等式)。**

问:您关于精神的起源及本质的论述,深入浅出,洞幽烛微,我觉得,这可能是人类有哲学史以来的又一重大创见,您解答了既往哲学家苦苦探寻的关于精神现象的悬疑。讨论至此,请给认识论做个小结吧。

答:好的,人类精神起源于宇宙的本源——平衡,是人类主体大脑对客体的反应,其本质是等式的表达。人类大脑运行的规律源于宇宙运行的规律"一等多""一生多""一统多",表达为"第一性""第一次""第一位"。"第一性"起决定作用。归根结底,皆为"一"。此为认识论。

问:您的认识论与前文宇宙论、本体论一脉相承,一以贯之。那么,用您的认识论可否解析既往哲学家的有关思想?

答:当然可以,这也是接下来要详细讨论的话题。

第三节　亚里士多德：形式逻辑

问：您前面说，既往的哲学家和思想家对认识论有很多研究，您是如何看待他们的研究成果的？

答：认识论问题是哲学的另一个重大命题，既往的哲学家和思想家都无法忽视这个问题。自笛卡尔[①]以降，西方学者将认识论的探讨置于哲学研究的重要位置，其中最具代表性的理论是洛克的"白板论"[②]、康德的"先

---

① 勒内·笛卡尔（1596～1650年），法国哲学家、数学家、物理学家，西方现代哲学思想的奠基人之一，是近代唯心论的开拓者。笛卡尔提出了"普遍怀疑"的哲学主张，"我思故我在"是他的哲学核心命题，也是他哲学思想的出发点。他认为，"我们可以怀疑身边的一切，只有一件事是我们无法怀疑的，那就是：怀疑那个正在怀疑着的'我'的存在"。他的哲学思想深深影响了之后的几代欧洲人，并为欧洲的"理性主义"哲学奠定了基础。

② 约翰·洛克（1632～1704年），英国哲学家和医生，被广泛认为是西方最有影响力的启蒙思想家，被誉为"自由主义之父"。白板说，出自约翰·洛克《人类理解论》。洛克认为，能力是天赋的，知识是后得的。他假定人的心灵如同一块白板，上面原本没有任何标记，后来，通过经验在上面印上了印痕，形成了观念和知识。这就是"白板说"。（商务印书馆，2012年版第73页。）

验论"。在欧洲中世纪之前，虽然没有明确提出"认识论"这个概念，但在哲学家的实际思考和研究时，已出现大量有关认识论的观点。

问：您能举例说明吗？

答：好的。下面我列举一些代表性人物，对他们有关认识论的观点逐一进行分析。

先说说古希腊哲学集大成者亚里士多德吧。他是最早系统研究人的思维规律的哲学家，主要体现在对"形式逻辑"①的研究上。逻辑一词源于古希腊，汉译为"逻格斯"②，意为"必然的导出"。原本是用来解释宇宙现象的。用于人的思维，便叫逻辑。亚里士多德总结，人的思维逻辑有两种形式，即归纳法和演绎法。

首先，说一说归纳法。所谓归纳法，就是对反复出

---

① 形式逻辑，指研究人的认识知性阶段思维规律的学说，包括演绎逻辑和归纳逻辑。形式逻辑靠概念、判断、推理（主要包括归纳推理与演绎推理）反映事物的本质。形式逻辑最早由亚里士多德提出，收录在其编著的《工具论》一书中。

② 逻格斯，欧洲古代和中世纪常用的哲学概念。一般指可理解的一切规律，因而也有"语言"或"理性"的意义。亚里士多德用这个词表示事物的定义或公式，具有事物本质的意思。

现的某种现象进行归类总结，得出一个结论。例如，中国人是黄皮肤、越南人是黄皮肤、朝鲜人是黄皮肤、日本人是黄皮肤，中国人、越南人、朝鲜人、日本人是亚洲人，所以得出一个结论：亚洲人都是黄皮肤。再如，您是一个外国人，初次来到中国，接触到一批中国人，感觉他们很热情，很有礼貌。后来，连续几次来到中国，遇到的情况相同，您自然会得出一个结论，那就是：中国人都很热情、讲礼貌。像这样的例子随处可见。归纳法是我们人类认识事物最基本的方法。归纳法的本质是归一法，就是把所接触到的事物中的一个共同特征提炼出来，明确一个概念，用以统摄若干个体，把它们归于一类，便于记忆与认知。而这一被提炼出的共同特征或概念，便成为这类事物认知的核心。因此我认为，这个认知上的格式及规律，就是以"一"统"多"，即把握"第一位"。

问：何谓演绎法？

答：所谓演绎法，就是从一般性的前提出发，通过推导，得出个别结论的过程。通常表达为"三段论"，即大前提、小前提和结论。它与归纳法的认知路径完全相反。归纳法是由个别到一般，而演绎法则是从一般到个别。

演绎法的认知路径是：亚洲人是黄皮肤（大前提），小张是亚洲人（小前提），那么，小张应是黄皮肤（结论）。再如，中国人是热情礼貌的（大前提），小张是中国人（小前提），小张应是一个热情而有礼貌的人。演绎法是我们人类主要的认知方法。人类具有主观能动性，能够站在已知事物的基础上，推导出对未知事物的认知，通常表现为举一反三的能力。这种能力无疑大大拓展了人类的认知空间、提高了认知效率，也是人类能够处于食物链顶端的根本原因。我认为，这种认知方法的本质，就是从"一"推导出"多"，或叫"一生多"，即把握"第一次"。

问：归纳法和演绎法，是"一统多"和"一生多"，那么，"一等多"是什么呢？

答：归纳法和演绎法并不是完美无缺的。正因为亚里士多德的形式逻辑有缺憾，后来莱布尼茨①又用数理

---

① 戈特弗里德·威廉·莱布尼茨（1646～1716年），德国哲学家、数学家，被认为是十七世纪最伟大的理性主义哲学家之一。莱布尼茨除了是一位出众的天才数学家之外，同时他也代表着欧陆理性主义哲学的高峰。他承继了西方哲学传

逻辑进行了补充和完善。

问：数理逻辑是怎么回事呢？

答：所谓数理逻辑，也称符号逻辑，就是指不包含任何具体对象的逻辑演算，比如数学、几何。而数理逻辑演算本身，是严格按照既定的格律进行的，不以人的意志为转移。这种既定的逻辑格律，都按照"××＝××"而展开。

例如：$25 = 15+9+1$、$24 = 3 \times 8$、$a^2+b^2 = c^2$，等等，我认为，表达的都是"一"和"多"的平衡关系，即"一等多"。此为"第一性"。

从上述分析可以看出，形式逻辑和数理逻辑，本质上就是"第一位""第一次"和"第一性"的呈现方式。这与我们前面对认识论的分析是一致的。另外，人们常用的综合法和分析法也是"一统多"和"一生多"，即"第一位"和"第一次"。

———————

统的思想，认为世界因其确定（换句话说，有关世界的知识是客观普遍和必然的）之故，必然是由自足的实体所构成。所谓的自足，是不依他物存在和不依他物而被认知。正是这一个"确定"成就了的世界，是"众多可能的世界之中最好的一个"。他在数学、哲学、政治学、法学、伦理学、神学、历史学、语言学等诸多方面都做出了重要贡献。

很明显，我用大脑的运行规律解释了亚里士多德的形式逻辑和莱布尼茨的数理逻辑。

第四节　笛卡尔：我思故我在

问：从西方近代古典哲学认识论的发展历史看，笛卡尔被视为认识论的鼻祖。他有一句名言，叫"我思故我在"。如何理解这句话？

答："我思故我在"，"我在"是一种对结果的确认。正是这句话，揭开了近代西方哲学对认识论探讨的大幕。在对宇宙本源追寻的过程中，忽然有一天，人们深感疑惑："我"是谁？"我"到底存不存在？这居然是一个需要得到证实的问题。这是自休谟怀疑论①，即怀疑一切引出的一个大问题。笛卡尔的观点是，因为我在

① 大卫·休谟（1711～1776年），苏格兰不可知论哲学家、经济学家、历史学家，被视为苏格兰启蒙运动以及西方哲学历史中最重要的人物之一。休谟提出了以动摇于唯物主义和唯心主义之间的怀疑论为特色的哲学体系，他把被理性证实的真理称之为"有关观念关系的东西"，休谟只承认感觉经

"思"，所以我是"在"的。为什么"思"就能证明"在"呢？这就要理解"思"的本质到底是什么。大凡"思"一定是有对象的，这就是认知的客体。一旦启动"思"，就意味着，在"思"的主体（也就是"我"）与客体之间建立了联系，这种联系一旦建立，也就确认了"我"的存在。换句话说，"我"是不是存在，是需要从与外物的联系中加以确认的。那么，"联系"的本质是什么？我认为，就是一物与他物之间所达成的平衡关系。也就是说，主体与客体达成平衡关系，决定了主体的存在，这正好验证了宇宙的运行规律："一等多"决定了"一统多"。

黑格尔那句名言——"存在即合理"[①]也印证了笛卡尔的"我思故我在"观点。

验的存在，认为世界是不可知的，但他的不可知论并没有彻底否定人类认识世界的可能性，只是为人类认识划出了界限。休谟哲学思想对后世哲学的发展，尤其是对现代西方各种非理性主义哲学的发展产生了重大影响。

① 出自黑格尔《法哲学原理》（商务印书馆，1961年版）序。意思是：凡是合乎理性的东西都是现实的，凡是现实的东西都是合乎理性的。黑格尔认为，宇宙的本源是绝对精神，它自在地具备着一切，然后外化出自然界、人类社会、精神科学，最后在更高的层次上回归自身。因此，凡是在这个发展轨迹上的就是合乎理性的，也就是必然会出现的、是现实的。

第五节　康德：先验形式

问： 在西方哲学家中，康德被认为达到了认识论的高峰。您对此有何理解？

答： 康德首先发现人的认知是受到主观规定性限制的，他称之为"先验形式"。那么，这个"先验形式"到底是什么呢？经过研究，他将它们表述为"时空形式"和"知性概念"。也就是说，当人面对客体，想要认知把握它们的时候，往往从三个维度加以观照。第一个维度是时间，第二个维度是空间，第三个维度是概念。这三个维度的本质是什么？用我的本体论理解，时间是"一生多"，空间是"一统多"，概念其实就是一个等式。

问： 您说先验时空形式是"一生多"和"一统多"，这好理解。那么，概念为何是"等式"呢？

答： 康德在《纯粹理性批判》[①]中指出，主体构建客

---

① 《纯粹理性批判》，德国哲学家伊曼努尔·康德创作的哲学著作，是其哲学巨著三部曲中的第一部，主要包括两部分："先验原理论"和"先验方法论"。该书被誉为欧洲哲学史上一部具有转折意义的重要著作。

体，先有概念（范畴），然后才能"看见"物体。此话是什么意思呢？比如，您面对一棵植物，如果没有人告诉您一个概念，如"苹果树"，您就不知道它是什么树。同样，您面对一块石头，如果没有一个如"花岗岩"的概念，您也不知道它是什么品质的石头。这个概念，就是您的大脑和物这个客观存在建立起的平衡关系，即××＝苹果树，××＝花岗岩。所以说，概念表达的就是"一等多"的等式。

综上所述，我的理解，康德的先验形式论蕴含着"一生多""一统多""一等多"的宇宙运行规律。所谓先验，是指先于经验，而此先验正是源于宇宙的运行规律。

第六节　黑格尔：辩证法

问：关于认识论，有一个极其重要的概念，就是辩证法。说到辩证法，离不开黑格尔。对此，您有何评价呢？

答：在西方哲学史上，黑格尔被认为是认识论的终结者，他构筑了庞大的唯心主义体系，他从燕麦的生长过程中，总结提炼出人脑认识事物的规律，即辩证法。什么是辩证法？其实，这是人类理性中一种原始而朴素的认知世界的方法。那么，其本质到底是什么呢？辩证法是对两种相反的意见（本质不一致）所做的分析与综合，最后达成统一的结论。辩证法是用"一"统摄"多"，以综合克服矛盾的艺术。辩证法的思维看起来是二元对立的，其实是以对立的一方为中心、以另一方为边缘的一元中心论①。所谓一分为二、合二为一，最终寻求的还是那个"一"。一分为二是过程，合二为一才是结果。这就是"一分为二"的本质。从思维流程看，一分为二的"一"表达为时间的"一"，合二为一的"一"表达为空间的"一"。换句话说，辩证法就是时空本质"一生多"和"一统多"的综合运用。

第七节　老子：崇本息末

问：前面，您谈了西方哲学家对认识规律的探寻。那么，在东方，先哲们是怎样认识事物的呢？

---

①　出自《西方哲学简史》（赵敦华著，北京大学出版社，2021年7月，第2版）第7页。

答：在东方，谈到哲学不能不谈老子，认识论也不例外。老子虽然没有明确提出认识论的概念，但在《道德经》中，随处可见对宇宙万物的认知和思考。那些散落在《道德经》中对宇宙万物的认知格言，可以说就是东方最早的认识论。下面，我举例说明。

《道德经》第七十章："言有宗，事有君。"意思是说，说话要有根源，做事要把握核心。在这里，"言有宗"，"宗"是开端，是"第一次"；"事有君"，"君"是核心，是"第一位"。

《道德经》第二十六章："重为轻根，静为躁君。"意思是说，重是轻的根源，有重才有轻；静是核心，以静驭躁。在这里，"重为轻根"，"重"是开端，是"第一次"；"静为躁君"，"静"是核心，是"第一位"。

《道德经》第二十二章："圣人抱一以为天下式。"这是老子最推崇的思想。这里的"抱一"就是老子把握世界的方法，意思是说，圣人运用"一"的方法成为天下人的榜样。在这里，"一"是指事物的本质，是"第一性"。

《道德经》第三十九章："天得一以清，地得一以宁，神得一以灵，谷得一以盈，万物得一以生，侯王得一以为天下正。"意思是说，天有了"核心"就会从浑浊变为清澈，地有了"核心"就会从震荡变为宁静，神达到"最佳"就会变得灵验，河谷有了"源头"就会积水而充盈，万物得到"太阳"才会生长，侯王得到"民心"，天下就会稳定。在这里，"天得一以清"，"一"是核心，是"第一位"；"地得一以宁"，"一"是核心，是"第一位"；"神得一以灵"，"一"是最佳，是"第一性"；"谷得一以盈"，"一"是开端，是"第一次"；"万物得一以生"，"一"是核心，是"第一位"，"侯王得一以为天下正"，"一"是指民心，是"第一性"。

《道德经》第六十四章："合抱之木，生于毫末；九层之台，起于累土；千里之行，始于足下。"意思是，合抱的大树，生长于细小的萌芽；九层的高台，用泥土一层层垒起；千里的远行，是从脚下第一步开始走出来的。在这里，"合抱之木，生于毫末"，"毫末"是开端，是"第一次"；"九层之台，起于累土"，"累土"是开端，是"第一次"；"千里之行，始于足下"，"足下"是开端，是"第一次"。三者都是强调"第一次"。

这样的例子，在老子《道德经》中不胜枚举。

问： 这么看来，您的认识论思想与老子《道德经》涉及的认知观念，是完全一致的。

答：是的。老子《道德经》以"无"为本，"无"决定"有"。"无"即为"道"，而"道"即是"一"，正如王弼所说："《老子》之书，其几乎可一言而蔽之。噫！崇本息末而已矣。"这个"本"就是本性，即"第一性"。也就是说，人对宇宙万物的认知把握要"崇本息末"，即把握"第一性"，其他属于"多"的范畴，也即王弼说的"末"。把握了"本"这个"一"，也就掌控了"末"这个"多"。

所以说，我的认识论与老子的思想完全相通，并能解释其理论。

第八节 佛陀：因果论

问：您在前面说过，在所有的宗教中，佛教的哲学思想是最华贵、缜密而系统的。那么，佛教的认识论是怎么样的呢？

答：佛教的世界观即宇宙观是"缘起性空"。佛教认为，世间万物都是"因缘和合"而生，也必然随着"缘起缘灭"而经历生灭变化。所谓"因缘果报"，是

"缘起"在现实生活中的展现。也就是说，在现实生活中，人们所看到的一切现象都是"果"，但其之所以存在是由之前的那个"缘"，或者叫"因"决定的。只有找到了那个"缘"或"因"，才能理解当下所看到的这个"果"。

问：这是不是可以理解为，佛教认识论的重要思想就是"因果论"呢？

答：我认为可以这样说。

问：请展开分析。

答：好的。"因果论"是人类认识事物、解决问题的最普遍的方法。关于"因"，哲学上早有关注，甚至还把那些原因进行了分类，最典型的就是分作"内因"和"外因"，"内因"是变化的根据，"外因"是变化的条件，两者缺一不可。例如，种子是内因，阳光、土壤、水分等为外因，他们共同作用长成了参天大树。但是，如果种子和阳光、土壤、水分等没有达成平衡关系，能生成参天大树吗？又如，鸡蛋如果没有和温度达成平衡关系，能孵化出小鸡吗？显然不能，这说明了什么？说明了内外两者达成平衡关系，才是"果"生成的根本原因，这才是真正的"因"，也就是"第一因"。因此，我认为，"因"的本质就是平衡。

问：您分析得非常有道理。那么，因果论对于佛教有何价值？

答：佛陀的本意并不是要创立一门学说。他作为一个王子，二十九岁出家修行，是为了普度众生。他在菩提树下打坐禅定，首先思考的是，人生陷于苦难的原因到底是什么？只有找到了这个原因，然后才有可能找到帮助众生解脱苦难的办法。最终，他参悟到众生所遭遇的苦难，其实只是一种结果，而导致这个结果的原因，是贪、嗔、痴、慢、疑"五毒心"。这些原因有一个共同的特点，即都不是与生俱来的，而是人生中附加上去的。若要避免苦难这个"果"，必须消除这些"因"。如何消除这些"因"呢？那就要回归本心，坚守中道。为何回归本心、坚守中道就能消除"五毒心"？佛教认为宇宙万物都是因缘而起，而且是一因一果。事物如果都是按照原本的那个"因"，也就是第一因演化，将会有序不乱，也就没有什么苦难了。

但是，到了人类却生发了额外的贪念，即"五毒心"。而这"五毒心"恰恰遮蔽了本心，也就是初心，这才导致了混乱，进而带来了无尽的烦恼和苦难。所以，我理解佛陀的本意是指，人类苦难的来源就是偏离了第一因而导致的，只有回归到第一因，才能脱离苦海。这就是回归本心，坚守中道的本质。用大珠慧海禅师的话说，就是"饥来吃饭困来眠"①。这正是修行的最高境界。

问：为什么说"饿了吃饭，困了睡觉"是修行的最高境界？

---

① 大珠慧海禅师，唐代高僧，生卒年代不详，建州（福建建瓯）人，俗姓朱，在越州（浙江绍兴）大云寺剃度出家。大珠慧海禅师继承了慧能、神会以来的心性学说，将般若空观与心性解脱结合在一起，进一步阐述"无住、无念、无心"，提出"一切处无心"，在修行上主张"不随外境"，行住坐卧皆是"性用"。他撰写的《顿悟入道要门论》，成为中国禅宗史上最重要的著作之一。

"饥来吃饭困来眠"，出自《大珠慧海禅师语录》。有人向慧海大和尚请教在修行上如何用功，他回答"饥来吃饭困来眠"，而非吃饭时不肯吃饭，百般思索，睡觉时不肯睡觉，千般计较。只有做到收摄心思，才能修行炼心。

答：吃饭的目的是补充能量，也就是说，补充能量达到生理平衡是吃饭的根本原因，或叫第一因。但是，人们对吃饭往往附加了很多其他内容，例如，要色、香、味俱佳，要山珍海味齐全，还要追求吃饭的排场，甚至情调等等，要求越来越多，结果反而不能好好吃饭了，而且，吃出来了很多疾病，这就是痛苦的源头。同样的道理，睡觉的目的是消除疲劳，睡觉等于休息，消除疲劳恢复平衡，这是睡觉的根本原因。但是，很多人睡觉时还要想这想那，胡思乱想，结果偏离了睡觉的根本目的，觉也睡不好了。所以，我认为，这两句话的根本意思，就是凡事要按本性或第一因行事，不要附加其他因素，要自然而然，这就是修行要达到的效果。这也意味着，修行的过程，其实就是返本复初回归本性的过程，即把握"第一性"。第二章本体论所述的佛教"中道"，即"刚刚好"，就是指"第一性"，也称"第一因"。所以佛陀说，人人皆具佛性，人人皆可成佛。

以上，我用"认识论"解读了佛陀的因果论。

第九节　儒家：中庸之道

问：中国传统文化包含儒、释、道三家的精髓。前面您已经论说了道家和佛家，现在是否该说说儒家了？

答：《中庸》①是儒家的重要著述，中庸思想深深影响了东方人的处世观念，它既是一种方法论，也是一种认识论，是儒家待人接物的根本准则。何谓中庸？不偏不倚谓之"中"，平平常常谓之"庸"，恰到好处即是"中庸"。而达到平衡即相等，不就是恰到好处吗？"中庸"既是一种人格境界，也是历代圣贤"修身齐家治

---

① 《中庸》，中国古代论述人生修养境界的道德哲学专著，是儒家经典之一，原为《礼记》第三十一篇。作者为孔伋（字子思，孔子的嫡孙、孔子之子孔鲤的儿子）。其内容肯定"中庸"是道德行为的最高标准，认为"至诚"则达到人生的最高境界，并提出"博学之，审问之，慎思之，明辨之，笃行之"的学习过程和认识方法。至宋代，朱熹将《中庸》从《礼记》中抽出，与《大学》《论语》《孟子》并称"四书"。

国平天下"的心诀。李泽厚^①深刻指出，"中庸"的核心就是一个字：度。他认为"度"是认知的根本法则，而"度"的本质内涵就是"刚刚好"。对于"度"的把握，在现实生活中随处可见。如射箭，只有在手持弓箭和靶心之间把握住了"度"，才能做到不偏不倚一箭命中。又如骑自行车，只有在人的躯体与自行车之间把握住了"度"，才能做到骑行自如。把握住了"度"，就是进入到自然适宜的最佳状态，就是找到了平衡。平衡即相等，不就是"刚刚好"和"最佳"吗？不也就是把握住了"度"吗？

由此可见，"中庸"构建的就是人与人、人与物之间的一种关系。而这种关系要求"不偏不倚""恰到好处"或"刚刚好""最佳"，这不正是平衡的内涵和特性吗？所以我认为，"中庸"的本质就是平衡，"度"的本质也是平衡。

---

① 李泽厚（1930～2021年），湖南宁乡人，著名哲学家和美学家，其哲学思想的核心概念是"积淀说"和"情本体"，他以重实践、尚"人化"的"客观性与社会性相统一"的美学观而为世人所熟知。代表作有《中国近代思想史论》《美的历程》等。

问：传说孔子曾三次拜访老子，并尊他为师，可以说深谙老子之道。但实际情况是，老子倡导的是"出世"，而孔子提倡的是"入世"，看起来二人的思想似乎是相互抵触的。您能否解释一下这背后隐藏着什么样的逻辑关系？

答：孔子思想与老子思想看似格格不入，实则一脉相承。世人往往只看其表面，如果深入探究，就会发现，孔子恰恰是老子最好的学生，完全得其衣钵，并将其思想进一步传承和发展。既往的哲学家都无法将二者的思想贯穿起来，并作出完美解释。我认为只有"平衡论"能将两位圣贤的思想打通，看到他们内在的共通之处。

首先，我们来看孔子的中庸思想，正是承接了老子的"道"，本质上都是平衡。与"道"相比，"中庸"具有实操性，能够很好地运用于社会实践。

其次来看，前面我对老子《道德经》进行了多维度的阐述，可以说，老子《道德经》构筑的就是"一等多、一生多、一统多"的宇宙观。作为老子的弟子，孔子最重要的做法，就是将老子思想运用于社会实践和国家治理。比方说，儒家核心思想之一的"三纲五常"。"三纲"指父为子纲、君为臣纲、夫为妻纲。"三纲"实际上就是"一统多"的结构。可以说,"三纲"在封建礼教时代,构筑起了一个分别以"君""父""夫"为核心的"一统多"的稳定社会结构。而"五常"指仁、义、礼、智、信。其中,"仁"为核心,由"仁"统摄"义、礼、智、信",形成了"一统多"稳固的道德体系。孔子完整地贯彻了老子的宇宙观,将宇宙运行规律运用于国家人伦治理。"三纲五常"虽带有封建社会的糟粕,但也具有一定的历史合理性。

还有,老子《道德经》阐述了道为"一",而孔子在回答弟子对自己核心思想的追问时,说"吾道一以贯之",其本质是以"一"贯之,而这个"一"就是老子的"道"。

所以我认为,孔子很好地传承了老子的思想,始终以"一"为核心,将其运用于社会实践。二人思想,看似相悖,实为一脉。孔子在对老子思想的传承和转化上,称得上是惊世之大手笔,由此缔造出两千多年灿烂辉煌的中华文明。

问: 您以上分别阐述了道家、佛家、儒家的有关思想,而儒、释、道正是构成中华传统文化的核心。请问，是什么将这三家的思想统一起来了呢？

答：三家思想本质上是相通的，在前面阐述中都基本体现出来了，现在可以再归纳一下。**儒家讲"中庸"，佛家讲"中道"，而被称为道家源头的《易经》，则强调了"中和"。自尧舜禹以来，历代帝王代代相传的十六字诀："人心惟危，道心惟微，惟精惟一，允执厥中"①，其核心思想就是"执中"。他们都指向了"中"，一个"中"字标记了中华传统文化的精髓**，甚至连我们国家的名称也与之相关。中国，最初指的是我们国家的中间部分，也即现在河南省及周边一带。这也是古代河南被称为中州、中土、中原的原因。而谁又能说这个"中"不是"最佳"即"刚刚好"的意思呢？河南人说"好"为"中"，这个"中"在射箭时，是指箭射在靶心上，中（zhòng）了十环，不偏不倚的意思，也就是一种最佳即"刚刚好"的状态。"中"体

---

① "人心惟危，道心惟微；惟精惟一，允执厥中"，出自《尚书·大禹谟》，其含义为：人心变化莫测，道心中正入微；惟精惟一是道心的心法，我们要真诚地保持惟精惟一之道，不改变、不变换自己的理想和目标，最后使人心与道心和合，执中而行。

现在为人处世上是指正好、恰到好处的意思。大到人类与自然和谐相处、天人合一，小到人与人之间以"仁"相通，以"和"为贵，遇事回归本心，顺应自然。所有这些，都可以用一个"中"字来概括。其实"中"的本质是中庸、中道、中和，就是"最佳""刚刚好"，即"第一性"原理，归根结底，就是平衡。由此可见，儒、释、道三家在对这个世界的认知解释上，根本上是相通的，都自觉或不自觉地以天道平衡为根本。

中国传统文化以儒学为主干，以道学为根基，以佛学为补充。由于儒家是注重入世的哲学，强调实用性，这也意味着它极具包容性，因而，无论道家，还是佛家，大凡相通并有用的思想，自然也就被其吸纳消化，融为一体，最终汇聚成博大精深的中华文化。

第十节　朱熹：存天理，灭人欲

问：在中国传统文化中，儒家思想一直是主干，后人不断发扬光大。那么，您对于孔孟之后的思想，有何评述？

答： 儒家思想博大精深、源远流长。一般认为，中国的儒学分作三个时期，第一个是孔孟的原典儒学时期，第二个是汉儒时期，第三个就是宋明理学时期。下面着重谈一谈宋明理学。这个时期已经出现了清晰的认识论思想。

先说说朱熹。朱熹承接程颢、程颐[①]思想，其对宇

———————

① 程颢（1032～1085年），字伯淳，号明道，世称"明道先生"。河南府洛阳（今河南洛阳）人。北宋理学家、教育家，理学的奠基者，"洛学"代表人物。其学说在理学发展史上占有重要地位，后来为朱熹所继承和发展，世称"程朱学派"。撰有《定性书》《识仁篇》等，后人集其言论所编的书籍《遗书》《文集》等，皆收入《二程全书》。

程颐（1033～1107年），字正叔，世称伊川先生，河南府洛阳（今河南省洛阳）人，北宋理学家、教育家，理学的奠基者，"洛学"代表人物。他的学说以"穷理"为主，认为"天下之物皆能穷，只是一理""一物之理即万物之理"，主张"涵养须用敬，进学在致知"的修养方法，目的在于"去人欲，存天理"，认为"饿死事极小，失节事极大"，宣扬"气禀"说。其著作有《周易程氏传》《遗书》《易传》《经说》，被后人辑录为《程颐文集》。明代后期与程颢著作合编为《二程全书》。

宙的认知集中在"理一分殊"中，这四个字表达了两层含义：其一，世界是由"一"理决定的；其二，万物之理是对"一"理的分有。朱熹[①]"理一分殊"思想的超拔之处在于，他不仅阐明了天理（天道）为"一"，而且说明了万物之理是对天理"一"的分有。我认为，我的本体论与此根本一致，前者为平衡，后者为"一等多"。

朱熹还强调，性即理，意思是说人之本性就是万物之理。基于此，朱熹提出了"存天理，灭人欲"。他把"天理"和"人欲"对立起来。显然，他发现人的很多

---

① 朱熹（1130～1200年），字元晦，又字仲晦，号晦庵，晚称晦翁。祖籍徽州府婺源县（今江西省婺源），生于南剑州尤溪（今福建省尤溪县）。中国南宋杰出的理学家、思想家、哲学家、教育家、诗人，宋代理学的集大成者。朱熹哲学体系的核心范畴是"理"。他认为世界是由"理"和"气"构成的。"理"是事物的本质和规律，"气"是构成一切事物的材料。"理"为主，是第一性的；"气"为客，是第二性的。他主张"理"依"气"而生物，并从"气"展开一分为二，阴阳结合，分化为物。他的"理气论""动静观""格物致知论"等理学思想为后世所称道，被尊奉为官学，影响极其深远。

欲望，是不符合宇宙运行规律的，甚至是对宇宙万物运行规律的背离，不是人的本性。他强调这些"人欲"违背了"天理"，是不好的，必须要灭除。另一方面，也是最重要的，他认为人是自然万物的组成部分，只有顺应自然万物共同的天理，人类才能存续。但人在对自然万物规律的认知上，会出现偏差，也就是人的主观会影响到对客观世界的认知。显然，他已经隐约感受到了人的主观性对认知及行为的干扰，"人欲"影响到人的本性的发挥。

我理解，所谓"存天理"，就是要按照天道，或者叫第一性、第一因行事。而所谓"灭人欲"，灭的都是人类膨胀的私欲，这个"人欲"就是佛陀所说的"贪、嗔、痴、慢、疑"五毒心等。如果不把它们灭除，人就无法回归到万物自然的状态，无法按照人的本性行事，也就不能随万物而自然演化，结果是害了自己。

一言归总，朱熹的核心思想就是要求人们按照天理即人的本性，也就是"第一性"行事。

第十一节　王阳明：致良知

问：您如何看待陆王"心学"①？

答：陆九渊②和王阳明③是将中国的认识论推向高

---

①　陆王"心学"，是由陆九渊和王阳明发展出来的心学的简称。一般认为"心学"肇始孟子、兴于"二程"、发扬于陆九渊，由王阳明集其大成。陆王心学与程朱理学虽同属宋明理学之下，但多有分歧，陆王心学往往被认为是儒家中的"格心派"（一称"主观唯心主义"），而程朱理学为"格物派"（一称"客观唯心主义"）。相对于程朱理学的观点，陆王心学认为"理"只在于人的心中，"心"与"理"相合而为一，"心外无物""心外无理""宇宙即吾心，吾心即宇宙"。与理学的"格物致知"不同，陆王心学是先"发明本心"，致其良知，而后将心中的良知赋予外物，使得万事万物均达到本心之善，从而也就达到了人格修养上的完善状态。

②　陆九渊（1139～1193年），字子静，号存斋，抚州金溪人。南宋著名哲学家，心学学派创始人，与朱熹并称为南宋理学"双杰"。他独创心学，为儒学发展开辟了新的方向。他主张"吾心即宇宙"，又倡"心即理"说。断言"天理、人理、物理"只在吾心之中。人同此心，心同此理。往古来今，概莫能外。他为学主张"不立文字"，反对学人埋沉于书册间，因此留下来的著作较少。

③　王阳明（1472～1529年），名守仁，幼名云，字伯安，号

峰的两个人。尤其王阳明，从认识论上看，可谓"中国的康德"。陆九渊的著名观点"吾心即宇宙，宇宙即吾心"，将人的认知与宇宙的运行关联起来，也就是将宇宙"大球"与人脑"小球"的运行方式等同起来，第一次将"心"（即人脑）在认知中的作用单独列出来。他的这个观点，在王阳明这里表达为"心即理"。王阳明进一步阐明了人脑的思维规律和天理一致。

"天理"如何得知？需从人心即人脑思维规律入手。王阳明提出"致良知"。对于"良知"，很多人是有误解的，把它看作是一个伦理道德层面的概念，类似于"良心"。而我认为，王阳明的这个"良知"指的是本心或本性，即"第一性"原理。正如孟子所说："不虑而知

阳明，浙江余姚人。明代杰出的思想家、文学家、哲学家和军事家，陆王心学之集大成者。阳明自小胸怀大志，一日在与老师讨论"天下第一等事"时，脱口而出："天下第一等事乃是做圣贤！"他因在龙场悟道，创立了"阳明心学"。他的哲学主体是"心本体论"。他认为，"心的本体就是天理"，天理就是人们所苦苦追求的圣人之道，就是宇宙间最高的"天道"，正所谓"心即道，道即天；知心则知道、知天"。他强调道法自然，又主张天人合一，通过心即理、知行合一、致良知等核心概念实现了理论与实践的统一、主体与客体的统一和内圣与外王的统一。

者，其良知也。"[①] 王阳明在《传习录》中明确指出：夫良知，一也[②]。他还说，心、理为一。很显然，王阳明的"良知"指向的是"一"，也就是"第一性"。找到"第一性"，就是找到了"天理"。

中国哲学从老子开始，经过了一千多年的发展，到了宋明时期，思想家们当然懂得自然万物相通，并且人受制于天的道理。此时，人们需要思考的就是到底如何才能真正获得万物运行的规律，或叫"天理"，或叫"道"。陆、王二人意识到人心（脑）对认知的作用，而这种作用有可能导出错误的认知，因而，认识事物必须要"致良知"。我认为，王阳明提出的"致良知"，其实就是要把握第一性原理，归根结底就是要找到天道平衡，即天理。

那么，求得"良知"之后，怎么办呢？就是要"知行合一"。对于这句话，很多人把它理解为理论要与实

第三章 认识论

---

① 出自《孟子·尽心上》，《四书章句集注》（中华书局，1983年版）353页。

② 夫良知，一也，出自王阳明《传习录》"答陆原静书"："夫良知，一也，以其妙用而言，谓之神。"意思是："良知"是立于天地间独一无二的真理，以其功能来说，是像神一般的存在。（上海古籍出版社，2018年版。）

践相结合。我认为，这样理解还不够透彻，从根本上看，人的行为是受理念支配的，所以，大凡人都是"知行合一"的，甚至可以说，这个世界上没有不"知行合一"的人。那么，王阳明为何要讲这句话呢？讲这句话的目的就是强调，人的行为必须与"良知"合而为"一"，或者说要依良知而行事，也就是要依据第一性原理行事。王阳明在他的《传习录》中曾举例，人人都知道应该孝顺父母，但有人因为自己生活困顿而不去孝顺父母，这就违背了"知行合一"的原则。根本上讲，即便生活困顿也要孝顺父母，只是方式不同而已。在这里，"孝顺父母"就是良知，即"第一性"，也就是朱熹所说的"天理"。王阳明还举了一个自己亲身经历的例子。有一天，他在教室里讲学，忽然一个村民走进来，说他父亲病重，想把自己的田地卖给王阳明，换得钱去给父亲治病。王阳明觉得，这是孝顺的举动，二话没说就给了他治病的钱，但强调这是借给他的，不要那位农民卖地。后来，王阳明经过一片田地，看到这里很适合建造学堂，就打听是谁家的地。同行人员告诉他，正是求钱给父亲治病的那位村民的。王阳明一听，便很后悔当时没有买下这块地。回家后，仔细一想，发现自己的后悔是不对的。因为当时借钱给农民而不要他的地，是因为赞赏那个农民的孝顺之举，这是自己借钱的"第一性"原理。那件事情已经结束了，为何要后悔？现在之所以有后悔的念头，是由于人的"贪心"而滋生了第二性，甚至第三性，而这正是人生苦恼的根本原因，用一句通俗的话说，就是"想多了"。所以我理解，"知行合一"要求的是，不要思虑过多，只按"良知"，即"第一性"原理行事即可。

另外，王阳明说"心外无物"，并不是说心外没有事物，而是说您眼中的世界，并不是真正的客观世界，它只是您以为的世界，只是您的主观意识感受到的世界。这不是主观唯心论，用我的"平衡论"来解释，您所看到的世界，就是您这个主体的大脑认知与客体达成的平衡而产生的结果。

从"心即理"，到"致良知"，再到"知行合一"，王阳明不仅构建了一套伦理学上的行为准则，更重要的是贯通了从本体论到认识论，再到方法论的哲学体系。尤其是对"心理"本质的体认与把握，使他成为中国古代哲学认识论的集大成者和代表人物。

这里，我还要补充强调的是，要想完全读懂王阳明，就必须弄懂其核心思想"致良知"，而"致良知"

就是把握"第一性"原理，就是依照天理行事。唯有如此，才算真正读懂王阳明。

第十二节　人性论：善与恶

问：哲学探求宇宙万物的根本。人是万物之灵，那么，从哲学意义上看，人的本性到底是什么呢？

答：人和动物最大的区别在于，人说话做事都要有理由、讲原因，要符合道理，也就是都要回答"为什么"。而这些从根本上说都是在求"等式"，并且主动运用"等式"。所以说，人的本性就是理性，而理性的来源就是平衡。

问：宇宙本源是平衡，人类理性的根本也是平衡。这难道是一种巧合吗？

答：当然不是。人是宇宙万物之一，其本质当然与宇宙万物相通。这也正应验了王东岳说过的一句话：人性是物性的绽放，人道是天道的赓续。

问：关于人性，还有一个绕不开的话题，那就是"性善论"和"性恶论"。对此，您有何高见？

答：关于人性的"善"与"恶"，确实有两种截然不同的观点。中国儒家主要推崇"性善"论，而西方普遍推崇"性恶"论。

在中国历史上，第一个系统提出"性善"论的是孟子。孟子①认为"人皆有不忍人之心"，也就是不忍心看到别人困苦，这就是善心。这种善心从何而来呢？是"天之所与我者"。也就是说，善心是老天给的，本性就有，所以叫作"性本善"。孟子还进一步说明，人的善心表达为仁、义、礼、智四端，即恻隐之心、羞恶之心、辞让之心和是非之心。通过对这四端的修炼，人即可成为圣人。

第三章 认识论

----

① 孟子（约前372～前289年），名轲，字子舆，邹国（今山东邹城东南）人。战国时期杰出的思想家、哲学家、教育家，是孔子之后、荀子之前的儒家学派代表人物，与孔子并称"孔孟"。性善论是孟子思想的基石，他认为人生来都是善良的，都具有"四心"，即恻隐之心、羞恶之心、辞让之心和是非之心。这"四心"就是仁、义、礼、智的发端。他宣扬"仁政"，最早提出"民贵君轻"思想，被韩愈列为先秦儒家继承孔子"道统"的人物，在元朝被追封为"亚圣"。

问：您如何看待"性善论"？

答：孟子所说的"善"是老天赋予的。我认为，所谓善之四端，从根本上看也都由天道平衡所决定。俗话说，人人心里都有杆"秤"，这杆"秤"就是衡量标准，可以理解为"平衡点"。所谓恻隐之心，就是当观照对象的处境低于这个"平衡点"时，主体显示出对对象的同情与"不忍"；所谓羞恶之心，是指当主体意识到自我表现低于那个"平衡点"时，表现出一定的愧疚与遗憾；所谓辞让之心，是指当主体认识到自己所得到的回报高于自己的付出，而不符合"平衡点"时，表现出对"回报"的躲避；所谓是非之心，就是建立是非对错的标准，即所谓心里有一杆秤，也就是拥有"平衡点"。符合平衡是"对了"，不符合平衡就是"错了"。由此可见，"性善论"处处表达出天道平衡的本质要求。

问：既然人心向善是天道的规定，那么，人为什么会有贪婪之心、嫉妒之心、傲慢之心以及仇恨之心呢？

答：这些从根本上讲，同样是由平衡决定的。下面做简要分析。

人为何有贪婪之心？因为面对无数个客体，都想与他们达成平衡，因而产生了贪婪之心。人为何有嫉妒之心？因为看到别人所获得的回报，远远高于自己心里的那个"平衡点"，而感到不舒服。人为何有傲慢之心？因为自己的能力已远远超出了自己心中原有的那个"平衡点"而感到飘飘然。人为何有仇恨之心？因为对方的行为严重背离了自己心中的"平衡点"，而感到愤怒。所有这些，本质上都是依据自己心中的那杆"秤"，也就是那个"平衡点"所做出的反应和心理调节。

问：这些都是"性恶"的表现。那么，如何看待"性恶论"呢？

答：西方人对"性恶论"的认知主要源于宗教传播。在基督教看来，人生来带有"原罪"，人生的目的就是为了赎罪。而在中国先秦的诸子百家中，荀子①和

---

① 荀子（约前313～前238年），名况，字卿，战国末期赵国（今河北邯郸）人，思想家、哲学家、教育家，儒家学派的代表人物。荀子批判地接受并创造性地发展了儒家正统的思想和理论，主张"礼法并施"；提出"制天命而用之"的人定胜天的思想，反对鬼神迷信，提出性恶论，重视习俗和教育对人的影响，并强调学以致用，创立了先秦时期完备的朴素唯物主义哲学体系。

韩非子^①也是推崇"性恶论"的。

问：有人认为，"性恶论"促进了近现代社会的法治建设和市场经济发展，甚至锻造了西方文明。您如何看？

答：对于现代社会来说，法治和市场经济确实是最重要的基础架构，展现了人类文明进程中的优秀成果。从现象上看，"性恶论"对法治建设和市场经济发展是有促进作用的。因为认定人有原罪，所以就有必要制定法律来约束这种"罪性"；因为假定人的天性自私，所以就需要培育"契约精神"^②来确保市场经济的发展。

问：中国改革开放以来，大力推动市场经济发展，

---

① 韩非子（约前280~前233年），韩国新郑（今属河南）人。战国末期思想家、哲学家和散文家，法家学派代表人物。韩非子是法家思想集大成者，集商鞅的"法"、申不害的"术"和慎到的"势"于一身，将辩证法、朴素唯物主义与法融为一体。其学说一直是中国封建社会时期统治阶级治国的思想基础。

② 契约精神，西方的一种主流精神，存在于商品经济社会，由此派生的契约关系与内在的原则，构成了各方在自由平等基础上的守信精神。

加强法治建设，全面吸纳西方发展的优秀文明成果，这是否意味着接纳了"性恶论"？

答：当然不能这么认为。事实证明，中国人的骨子里依然坚守着"性善论"，而这一点并不影响中国的法治建设和市场经济的发展。

问：这不是与西方的发展逻辑相违背吗？

答：这恰恰说明西方所谓的"性恶论逻辑"是不正确的。因为认定人性"恶"，所以推行法治及培育"契约精神"，进而推动了市场经济的发展，这个因果链表面上看似乎是成立的，但是，如果人性真的是"恶"的，那么，法治又如何能推行？"契约精神"又如何能建立？显然，这背后还有更深层次的"理"。

问：您认为这个更深层次的"理"是什么？

答：这个"理"就是平衡。您看，法律的本质是什么？契约精神的本质是什么？还有，市场交换的根本又是什么？不都是平衡在社会和经济层面的具体展现吗？刑法规定杀人要偿命，也就是，杀人＝偿命；交通法规定，红灯停，绿灯行，也就是，红灯＝停，绿灯＝行；契约精神的本质就是共同遵守规则，规则即 ×× ＝

××，而市场交换的根本法则就是等价交换，如 1 头牛＝3 只羊，凡此种种，不一而足。所以，无论法律、法规、契约或者市场交换，都是平衡的具体展现，被天道平衡所决定。

有人说，人天性自私，并举"幼儿一饿就会哭闹"来证明。实际上，幼儿哭闹是因为饥饿所致，其深层的"理"是"饥饿＝需要补充能量"，正是这个平衡规定着幼儿的行为，这不能说明人的天性是自私的。

问：那么，如何理解"性恶论"对法治建设与市场经济发展的促进作用呢？

答：我们承认，"性恶论"对法治建设和市场经济发展起到了促进作用，但并不能就此说明，法治建设和市场经济发展的根本原因就是"性恶论"，更不能说明，"性善论"排斥法治建设，阻碍市场经济发展。

西方社会因推崇"性恶论"而演绎出的发展路径，是典型的"弄拙成巧"。"性恶论"并不是社会法治建设和市场经济发展的根本原因，其本质是由"平衡"这个"天道"推动的。所谓"私利之恶成就公共福祉"①，

① 私利之恶成就公共福祉，出自荷兰经济学家伯纳德·曼德维尔的经济学名著《蜜蜂的寓言》（肖津译，中国社会科

根本上是不成立的，"公共福祉"归根结底是由平衡带来的，是人类践行天道的结果，是人类信仰真理的回报。

问：您用天道平衡解释了"性善论"和"性恶论"，那么，您到底赞成"性善论"还是"性恶论"呢？

答：表面看，人性善、恶皆有，但两者都不是人性之根本。我认为，人性的根本是理性，可以说，**人之初，性本"理"**，人皆依"理"而行事，而这个"理"的本质是"平衡"。至于是善还是恶，那是根据不同的利益导向和评价标准而界定的。同样一件事情，有人说是善，有人说是恶，因为每个人的角度和标准不同。总体而言，符合人类整体和长远利益的为善，损害人类整体和长远利益的为恶。因而，人类总体是向善的。

学出版社，2002年版）。在书中，曼德维尔描述了一个神奇的"蜜蜂的国度"，在这个国度里，当每只蜜蜂呈现出自私自利的本性疯狂追逐自己的利益时，整个蜂巢就呈现出一派繁荣的景象。反之，当蜜蜂们变得善良、正直、诚实起来时，整个蜜蜂的王国却呈现出一片萧条景象。曼德维尔借助"蜜蜂的寓言"想要说明：私欲的"恶之花"结出的是公共利益的善果。这就是西方经济学史上著名的"曼德维尔悖论"。

正如王阳明所说：无善无恶心之体，有善有恶意之动。知善知恶是良知，为善去恶是"格物"[①]。

第十三节　一论：天人合"一"

问：前面三章您详细阐述了宇宙论、本体论和认识论，三者都围绕"一"而展开，您可否再概述一下？

答：好的。既往圣哲们在探讨宇宙本体论和认识论的时候，都涉及"一"，特别是在东方，诸子百家大都谈到了"一"。一部《道德经》从根本上讨论的都是"一"，《庄子》[②]强调"道通为一""抱元守一"，《淮南

---

①　格物，出自《礼记·大学》："致知在格物，物格而后知至。"意为推究事物的道理，探究万物的规律。"格"在此有"穷究"之意。格物是儒家研究认识论和方法论的重要途径，是三纲八目中"八目"之基石。

②　《庄子》，又称《南华经》，是战国中后期庄子及其后学所著道家学说的汇总，道家学派经典著作。该书包罗万象，对宇宙生成论、人与自然的关系、生命价值、批判哲学等都有详尽的论述。全书以"寓言""重言""卮言"为主要表现形式，想象奇幻，构思巧妙，瑰丽诡谲，意出尘外，是先秦诸子文章的典范之作。

子》① 称"万物总而为一"，《荀子》说"道出乎一"，《尹文子》② 言"万物皆归于一"，《管子·正篇》③说"万物宗一"，朱熹说"理一分殊"，王阳明说"心、理为一"。中国俗语还有"九九归一""一顺百顺"，等等。

无独有偶，在西方，古希腊哲学家巴门尼德说"存

① 《淮南子》，又名《淮南鸿烈》《刘安子》，是西汉皇族淮南王刘安及其门客收集史料集体编写而成的哲学著作。该书以道家思想为指导，吸收诸子百家学说，融会贯通而成，是战国至汉初黄老之学理论体系的代表作。《淮南子》在阐明哲理时，旁涉奇物异类、鬼神灵怪，保存了一部分神话材料，如"女娲补天""后羿射日""共工怒触不周山""嫦娥奔月""塞翁失马"等古代神话，主要靠本书得以流传。

② 《尹文子》，旧列名家，今本仅一卷，分《大道》上下两篇，语录与故事混杂，各段自成起讫。上篇论述形名理论，下篇论述治国之道。其思想特征承继老子自然之道的思想，糅合法家、儒家，以法于道而为仁义礼乐的根据，变自然法则为与法相联系的社会法则。主要版本有明《子汇》本、《诸子集成》本。新注本有历时熙的《尹文子简注》。

③ 《管子·正篇》，为管仲著《管子》中的一篇。《管子》内容涵盖各种学术，是后世道家、儒家、名家、法家、农家、兵家、阴阳家等多家学术思想的源头。管仲（前 723～前 645年），名夷吾，字仲，谥敬，颍上（今安徽省颍上县）人。春秋时期经济学家、哲学家、政治家、军事家，法家代表人物，周穆王的后代。

在即一"，毕达哥拉斯、赫拉克利特①、恩培多克勒②、柏拉图都谈到了"一"，普罗提诺③提出了"太一"，等等。

关于"一"，宗教著作也无一例外多有涉及。古印度《奥义书》④中的核心观点就是"梵我同一"，婆罗门

① 赫拉克利特（约前544~前483年）：古希腊哲学家。著有《论自然》一书，现有残篇留存。认为万物都处于不断的变化之中，持对立统一观念。

② 恩培多克勒（约前495~前435年），古希腊唯物主义哲学家、诗人、修辞学家和医生。恩培多克勒综合了早期希腊唯物主义思想的成果，提出了土、水、气、火四种元素为万物本源，认为一切事物都由这四种元素组合而成，并假定每一种元素都没有生灭，是永恒不变的"一"。

③ 普罗提诺（205~270年），又译作柏罗丁、普洛丁，新柏拉图主义奠基人。生于埃及，233年拜亚历山大城的安漠尼乌斯为师学习哲学，曾参加罗马远征军，其目的是前往印度研习东方哲学。此后定居罗马，从事教学与写作。其学说融汇了毕达哥拉斯和柏拉图的思想以及东方神秘主义，视太一为万物之源，人生的最高目的就是复返太一，与之合一。其思想对中世纪神学及哲学，尤其是基督教教义，有很大影响。大部分关于普罗提诺的记载都来自他的学生波菲利（232~304年）所编纂的普罗提诺的传记中。

④ 《奥义书》，古印度经典哲学著作，约产生于公元前10到前5世纪间，是婆罗门教的经典之一。已知的《奥义书》约有108种之多，记载了印度教历代导师和圣人的观点，成为后来印度哲学的基础。

教的著作中也谈到了"一"，佛教《华严经》中说"一即一切，一切即一"，等等。

既往哲学家和宗教经典基本都谈到了"一"，可以说，东西方先贤的视角都不约而同地聚焦于"一"，皆认为"一"就是宇宙的本源或本质。所以说，"一"可真正称为"其大无外，其小无内"[①]，涵盖一切，囊括一切，是人类思想史中最核心的概念。先贤们对"一"的充分观照表达了人类的最高智慧。

但是，往圣先贤对于什么是"一"，为什么是"一"，以及如何用"一"，皆未做出详细论述。

我在本体论章节，阐述了宇宙的本源是"平衡"，即"等式"，而"等式"就是"百分之百"，也就是"一"。这就回答了"一"的内涵或本质到底是什么。在宇宙论章节，论证了宇宙的运行规律是"一等多""一生多""一统多"，本质都是"一"。又在认识论章节，详解了人脑运行规律是"第一性""第一次""第一位"，三者都是"第一"，而"第一"即"一"也。这就回答了为什么是"一"。

---

① 出自《吕氏春秋·下贤》："莫知其始，莫知其终，莫知其门，莫知其端，莫知其源，其大无外，其小无内，此之谓至贵。"意思是道大至无所不包，小至微乎其微

总而言之，我用宇宙本体平衡论解答了"一"，同时论证了无论天道还是人道，都是"一"，正所谓天人合"一"。因而可以说，我的宇宙本体论就是"平衡论"，同时也可以称作"一论"。换句话说，平衡就是"一"，就是终极真理，至此，意味着人类探寻宇宙本源、追求终极真理的旅程，画上了一个完满的句号。

问：您对"什么是一"和"为什么是一"已做出了充分论述，请问"如何用一"呢？

答：探究本体论和认识论，目的就是为了找到一个科学的方法论，亦即"一"的运用。下一章我将做详细阐述。

— 第四章 —

方法论

第一节　万事找一

问：您已经全面阐述了本体论和认识论。对于方法论，您有何见解？

答：人类所有的学说，归根结底都是为了运用。哲学有一个发生发展的过程。一开始，主要是围绕宇宙观而展开，也就是探讨宇宙的本源或本质以及宇宙的运行规律，产生了本体论。后来，又研究认识的本质和规律，催生了认识论。本体论和认识论分别揭示了宇宙"大球"和人脑"小球"运行的规律。而人类探索宇宙奥秘的根本目的，还是要为自己的行为（或行动、实践）找到方向或依据，进而提炼出一种大道至简的方法，这就是方法论。

问：既往的哲学对方法论都有所论述，您如何看待这些讨论？

答：无论是古希腊哲学，还是西方近代古典哲学，在探讨宇宙本源和认知根本的过程中，都不自觉地提炼出了一些处理现实事务的方法或规则，如辩证法和形式逻辑等。就中国哲学而言，由于注重实用理性①，因而对方法论的总结更加充分。例如中庸之道、知行合一，既是认识论，也是方法论。但是，就总体而言，既往的哲学对于方法论的探讨是不充分的，尤其是没能将本体论、认识论和方法论打通。我认为，科学的方法论，一定源自宇宙运行的根本规律，是终极真理的实践形式，也就是说，真正的科学方法论一定要符合天道，要与本体论和认识论保持一致，一体贯通。

---

① 李泽厚在《漫说"西体中用"》一文中这样写道：所谓"实用理性"就是关注现实社会生活，不做纯粹抽象的思辨，也不让非理性的情欲横行，事事强调"实用""实际"和"实行"，满足于解决问题的经验论的思维水平，主张以理节情的行为模式，对人生世事采取一种既乐观进取又清醒冷静的生活态度。使用理论由来久远，而以理论形态呈现在先秦儒、道、法、墨诸主要学派中。

问：那么，您认为科学的方法论是怎样的呢？

答：平衡是宇宙的本源，是终极真理，平衡的本质表现为"一"；宇宙的运行规律是"一等多""一生多""一统多"，本质也皆为"一"；人类大脑的运行规律是"第一性""第一次""第一位"，从根本上讲，还都是"一"。所以我认为，**科学的方法论就是也必然是：万事找一**。换个角度说，"万事找一"的方法论就是对终极真理的运用。至此，我认为真正完成了"无用之用谓之大用"的哲学使命。

问：如何理解"万事找一"？

答：这个"一"指的是"本质""根源""核心"，分别对应于宇宙运行规律的"一等多""一生多""一统多"，也分别对应于大脑运行规律的"第一性""第一次""第一位"。所以"万事找一"，找的就是这三种"一"。这就是"万事找一"方法论的内涵。

问：如何才能做到"万事找一"呢？

答：现代人面临的一个大问题，就是信息量过大，这对于思考判断形成了诸多干扰或遮蔽，致使人们在处理问题时，虽然明知核心或关键，但对其他因素仍不愿放弃，往往很纠结。面对这种情况，我们该怎么办呢？

我认为，首先要树立一种观念，就是事物的存在与发展，只有一个决定性因素，其他因素发挥作用，是以这个第一因素发挥作用为前提的。所以，我们的着力点必须放在这个"一"上，**不能有"二"的观念**。这是把握"万事找一"方法论最为关键的一点。

其次，当我们发现有多个因素存在，而且每个因素都不可或缺，很难分辨谁主谁次时，应该意识到，在这些因素的背后，一定隐藏着一个真正的"一"，而这些因素不过是那个"一"不同角度的表现而已，我们此刻的任务就是要进一步找出那个背后的"一"。

总而言之，当您遇到一、二、三……多个因素时，一定有一个因素起决定作用，或者背后另有一个因素起决定作用。坚决抓住这个"一"，这就是"万事找一"的方法论。所谓抓主要矛盾，就是这一方法论的具体运用。

问：您说得很有道理，但实际工作千差万别，如何才能找到那个"一"呢？

答：确实，实际工作往往是很复杂的，懂得了"万事找一"的道理，并不代表一定能够找到"一"。能否找到"一"，这是对个体智慧和才能的考量，甚至可以说，衡量一个人能力的大小，主要看他找"一"的水平。我认为，要想顺利找到"一"，具体运用时就要这样追问：最根本的问题是什么？最核心的因素是什么？如果让您只选择一个，您选择什么？等等。这些都是对"万事找一"方法论的根本运用。概括起来说就是：**不"二"法则找第一，深入一线找第一，层层追问找第一。**

在这里，我想特别强调，要真正把握和运用"万事找一"的方法论，就要坚信"一"的存在，坚信"一"决定一切，正如《华严经》所说：一即一切，一切即一。

问：实践是检验真理的唯一标准。"万事找一"既然是科学的方法论，那就应该能够解释和解决一切现象和问题。

答：当然。接下来我们将分别就社会、人生、政治和经济等领域的现象进行讨论。

第二节 社会:"一"即一切

问:社会是由人构成的,处理人际关系是一项重要的社会事务。"万事找一"的方法论对此有何意义?如何运用?

答:朋友关系是最重要的社会关系之一。以此为例,如何找"一"?朋友关系的"一"就是互助。这个互助表现为物质和精神两方面。物质上的互助很好理解,朋友有难,理当援助。很多时候,人们还需要精神上的互助,相互鼓励安慰,彼此共同进步。诸如同学、战友、发小等等,这些都是类朋友关系,维系这些关系的根本准则就是互助。否则,朋友关系就淡化成熟人关系了。

再比如组织机构内,上级对下级的"一"是指挥,下级对上级的"一"是服从,同事关系的"一"是协作。

还有夫妻关系,处理好夫妻关系的"一"是包容。因为,夫妻涉及双方家族复杂的利益和情感关系,如果不能包容,夫妻关系就很难延续。如此等等。

问：处理这些关系，除了抓住"一"之外，其他就不重要了吗？

答："一"是根本，起决定作用。皮之不存，毛将焉附。其他关系是构建在这个"一"之下的关系，是从属关系。但是，很多人在现实生活中纠结于多重关系中犹疑不决，甚至本末倒置。他们有一句共同的口头禅："其他方面也重要。"如此处理问题，必然把握不住关键或本质，这是"万事找一"方法论之大忌。

问：处理人际关系，本质上是管理学的课题。那么，"万事找一"在管理学上有什么表现呢？

答：在现代管理学中，管理法则的运用非常普遍，而管理法则的根本原理都是"万事找一"。

问：管理法则背后的逻辑就是"万事找一"吗？

答：是的。可以说每一个法则背后都有一个"一"。例如，大家熟知的管理法则有"木桶理论""二八定律""羊群效应""蝴蝶效应""手表现象""鲶鱼效应""刺猬理论""青蛙现象"，等等。我来分别作简单解析。

"木桶理论"，是指一个木桶能装多少水，取决于最短的那块木板。显然，"短板"就是"一"；"二八定律"，是指百分之二十的人创造了百分之八十的价值，"百分之二十"代表了骨干力量，就是"一"；"羊群效应"，是指领头羊往哪里走，后面的羊就跟着往哪里走，头羊就是"一"；"手表现象"说的是一个人不能同时拥有两块手表，否则无法确定时间，这里更是强调了"一"。

以上这几个法则都强调了核心或者关键要素的作用，这个"一"表达的是"第一位"的"一"。有的"一"则表达为"第一次"的"一"。例如，"蝴蝶效应"讲的是亚马逊雨林一只蝴蝶偶尔振动翅膀，也许两周后会引发美国得克萨斯州一场龙卷风。还有"鲶鱼效应"，讲的是沙丁鱼在运输过程中成活率很低，后来有人在沙丁鱼中放置一条鲶鱼，便大大提高了成活率。"蝴蝶效应""鲶鱼效应"都是由一个初始条件引发了后续一系列变化结果，强调的是"第一次"的"一"。

有的管理法则强调的是最佳状态。例如，"刺猬理论"指出，两只刺猬在一起抱团取暖，彼此距离太近会戳伤对方，太远又不能感受到对方的温度，这就要求它们的距离是"刚刚好"。这个"刚刚好"就是"最佳"，就是"第一性"的"一"。再比如"青蛙现象"，如果把一只青蛙直接放进热水锅里，由于它对不良环境的反应十分敏感，就会迅速跳出锅外，但如果把它放进冷水锅里，慢慢地加热，最终，青蛙会在不知不觉中安静地死去。这也是"刚刚好"。这里的"一"也是"第一性"的"一"。

还有很多管理法则，例如马太效应^①、破窗理论^②、光

---

① 马太效应，是社会学家和经济学家常用的术语，它反映着富的更富、穷的更穷，一种两极分化的社会现象。

② 破窗理论，得自美国心理学家詹巴斗所进行的试验：把两辆一模一样的汽车分别停放在两个社区，一个是中产阶级社区，一个是杂乱的布朗克斯街区。对停在布朗克斯街区的那一辆，他摘掉了车牌，并且把顶棚打开，结果不到一天就被人偷走了；而停放在中产阶级社区的那一辆，停了一个星期也无人问津。后来，詹巴斗用锤子把这辆车的玻璃敲了个大洞，结果仅仅过了几个小时车就不见了。以这项试验为基础，政治学家威尔逊和犯罪学家凯林提出了一个"破窗定律"。他们认为：如果有人打坏了一栋建筑上的一块玻璃，而这扇窗户又没有得到修复，别人就可能受到某些暗示性的纵容，去打烂更多的玻璃。久而久之，这些窗户就给人造成一种无序的感觉。结果，在这种公众麻木不仁的氛围中，犯罪行为就会滋生、蔓延。"破窗理论"揭示了环境具有强烈的暗示性和诱导性。任何一种不良现象的存在，都会传递一种不良的信息，并逐渐导致这种不良现象无限地扩展。

环效应①等等，其背后，本质上都是在强调一个"一"，要么是"第一次"的"一"，要么是"第一位"的"一"，要么是"第一性"的"一"。

问：这也太神奇了。难道就没有例外吗？

答：没有。因为"一"就是隐藏在现象背后的"天道"。

问：我们经常说，道在平常日用中，这又怎么理解呢？

答：所谓"道在平常日用中"，讲的就是在日常生活中如何用"一"。譬如说，中国人讲话喜欢打比方和引用古语，这也就是在运用"道"。

问：请讲得具体些。

答："打比方"就是建立等式，即"×× = ××"。"引用古语"也是建立等式，比如"善有善报，恶有恶

---

① 光环效应，又称晕轮效应，指人际交往中，人身上表现出的某一方面的特征，掩盖了其他特征，从而造成人际认知的障碍。在日常生活中，"晕轮效应"往往在悄悄地影响着我们对别人的认知和评价。

报"，即善行＝善报，恶行＝恶报。这两种方法，都是运用"万事找一"方法论的"第一性"。我们经常说，凡事要讲道理，所谓"讲道理"就是建立等式。比方说甲向乙借了一万元钱，但仅还了八千元钱，这就是违反道理，因为此行为违背了"借一万元钱＝还一万元钱"这个等式，这就是不讲道理。"讲道理"就是达成平衡，就是运用"第一性"。

问：中国人习惯打比方、讲道理，那么西方人呢？

答：讲寓言和讲逻辑呀。西方人讲寓言，就如同中国人打比方，也是建立等式，即"第一性"。西方人讲逻辑，逻辑本身就是等式，这在认识论部分已阐述过了。所以说，**中国人讲道理，犹如西方人讲逻辑**，都是"道在平常日用中"。

问：既然道在平常日用中，还用得着"万事找一"的方法论吗？

答：虽然人们在生活中不自觉地会用到"道"，但那是不知其所以然而被动地去做事，效率是很低的，甚至很多事情做错了还不知道。当然，做对了的事就是与"道"暗合的。而当我们明白并遵循"万事找一"的方法论，是知其所以然地做事，目标就变得非常清晰，事情就变得非常明了，如此，看问题能抓住本质，说话能一语中的，办事能有的放矢，就能够使工作和生活变得简单而轻松。因此，能否自觉地运用"万事找一"的方法论，结果是完全不一样的。

诚如王阳明所言："夫良知，一也，以其妙用而言，谓之神。"

第三节　人生：平衡即幸福

问：前面您谈了在社会领域如何找"一"。谈到社会，就不能不谈人生。您认为人生的"一"是什么呢？

答：人生的"一"即人生的意义。这确实是一个重大的命题，也是一个永恒的话题。人生有什么意义？每个人都有不同的理解。我的回答就是，人要好好地活着，快乐地活着，享受生命的过程。用哲学的语言表达，就是追求存在，以其目的而言，就是追求幸福。

问：能否谈得具体一些？

答：好的。对于什么是幸福，哲学史上有过很多探讨。在西方，主要有以下两种观点。一种是快乐主义[①]，以古希腊伊壁鸠鲁[②]、近代英国的休谟、亚当·斯密[③]、

[①] 快乐主义，解释道德行为与人生目的的一种伦理学说，又称享乐主义。其理论源于古希腊哲学家德谟克利特的道德哲学，伊壁鸠鲁将其发展为理论体系，英国功利主义者边沁等人进一步发展和完善了这一学说。该学说倾向于用纯粹生物学或心理学的观点来解释人的行为与需要，认为趋乐避苦、追求快乐是道德的基础和内容，是善，是人类一切行为的动因，也是人生的目的。

[②] 伊壁鸠鲁（前341～前270年），古希腊哲学家、无神论者（被认为是西方第一个无神论哲学家），伊壁鸠鲁学派创始人。其学说的主要宗旨是：人要达到不受干扰的宁静状态，并要学会快乐。他认为：人生的目的就是追求快乐，快乐是最高的善。

[③] 亚当·斯密（1723～1790年），英国著名经济学家、哲学家、作家，经济学的主要创立者，被誉为古典经济学的"开山鼻祖"和"现代经济学之父"。斯密的经济学理论的核心是"分工合作"，他认为，人类天生具有交换与易货的倾向，而人的才能具有自然差异性，交换及易货属私利行为，其利益决定于分工，假定个人乐于专业化及提高生产力，经由剩余产品之交换行为，促使个人增加财富，这一过程将扩大社会生产，促进社会繁荣，并达到私利与公益之调和。他的理论体系对经济实践和经济学的发展产生了广泛而深刻的影响。

约翰·穆勒^①为代表，强调生命体本身的快乐。另一种是完善主义^②，以苏格拉底^③、柏拉图、亚里士多德、犬儒学派^④

---

① 约翰·穆勒（1806～1873年），英国哲学家、心理学家、经济学家，也是著名的功利主义哲学家。他是孔德的实证主义哲学的后继者。他把实证主义思想最早从欧洲大陆传播到英国，并与英国经验主义传统相结合。

② 完善主义，解释道德行为与人生目的的一种伦理学说。西方完善主义幸福观的创始人是苏格拉底，后来的柏拉图和亚里士多德继承了他的观点，并进一步发展。柏拉图认为快乐和德性的结合就是幸福。亚里士多德认为幸福主要依靠灵魂的善，辅以身体的善与外在的善。东方的孔子、孟子也被视为完善主义的代表人物。

③ 苏格拉底（前469～前399年），古希腊著名的思想家、哲学家、教育家，古希腊哲学的创始人之一。在哲学研究上，他主张"向心灵转向"，即后来人们所常说的，"将哲学从天上拉回到人间"。他建立了一种知识即道德的伦理思想体系，其核心是探讨人生的目的和善德。他强调人们应该认识社会生活的普遍法则和"认识自己"，只有探求普遍的、绝对的善的概念，把握概念的真知识，才是人们最高的生活目的和至善的美德。

④ 犬儒学派，古希腊哲学学派，由苏格拉底的学生安提西尼创立，其信奉者被称为"犬儒"。该学派否定社会与文明，提倡回归自然，清心寡欲，鄙弃俗世的荣华富贵，要求人克己无求，独善其身。最著名的犬儒学派人士是安提西尼的弟子第欧根尼。

和斯多葛学派①、德国理性论者康德为代表，认为人应在精神上或道德上不断完善，做一个有道德的人，才算幸福。

在东方，中国的道家接近快乐主义，认为人生的理想境界是保护好生命的本真状态，强调返璞归真，崇尚与天地精神"相合"的境界。儒家比较接近完善主义，认为人生的理想境界是道德上的自我完善，强调安贫乐道。孔子赞赏他的学生颜回说：一箪食，一瓢饮，在陋巷，人不堪其忧，回也不改其乐。所谓安贫乐道，就是指在物质上"安贫"，在精神上"乐道"。"乐"与"安"皆属幸福之内涵。

问：看来对于什么是幸福，的确仁者见仁，智者见智，这里出现了"二"。那么，您认为幸福的本质到底是什么呢？

答：纵览古今中外的观点，有的侧重于物质层面，

———————

① 斯多葛学派，芝诺于公元前300年左右在雅典创立的学派，因在雅典集会广场的画廊聚众讲学而得名，是古希腊具有重要影响的思想派别。

芝诺（约前490～前425年），古希腊数学家、哲学家，以芝诺悖论著称。他是埃利亚学派的著名哲学家巴门尼德的学生和朋友。

有的侧重于精神层面，有的侧重于现实，有的侧重于理想。幸福既是一种状态，更是一种感受，它来源于外在条件对于人的内在需求的满足，这种满足状态根本上说就是平衡状态。而这种平衡对于人来说，既有身体的平衡，更有心态的平衡。一言以蔽之，**身心平衡即幸福**。

问：为什么中外先贤对于幸福各持己见而又都言之成理呢？

答：幸福的本质是一种主观感受，而不同的感知主体，或同一个感知主体在不同的阶段，对于幸福的具体感受是不同的，所以才有了不同的幸福观。

马斯洛需求层次理论①揭示，从生理需求到最高的自我价值实现，人的内在需求，从生理上到心理上，有一个由低到高不断升级变化的过程。这也就决定了幸福的内涵也会不断升级变化。每一个层面只要达到平衡都会产生幸福感。也就是说，不管怎么变化，幸福的本质没有变，那就是"身心平衡"。

---

① 亚伯拉罕·马斯洛（1908～1970年），美国社会心理学家，第三代心理学的开创者，提出融合精神分析心理学和行为主义心理学的人本主义心理学，并融合其美学思想于其中。他的主要成就是提出了人本主义心理学和马斯洛需求层次理论。

问：为什么有的人那么成功了，还是没有幸福感呢？

答：因为贪欲，心态不平衡使然。正所谓知足才能常乐呀。

问：您说的"身心平衡"，其实也是身体健康的要求。您能否谈谈幸福与健康的关系？

答：好。首先说一说健康的本质是什么。我们说：营养不良造成不健康，营养过剩也会带来不健康；丧失基本的思考能力、失去理智是不健康，而思虑过多、产生焦虑也是不健康。显然，凡事都要做到"刚刚好"，健康也不例外。健康就是一种"刚刚好"的状态。"刚刚好"是什么？就是平衡。由此可见，健康的本质也是一种平衡。

问：那么，医生治病的本质是什么？

答：既然健康的本质是平衡，那么，生病就是对平衡的破坏，或者说，生病就是"身心不平衡"的表现。所以，医生看病就是帮助病人恢复身体的平衡状态。

医学界一直有中、西医之辨。西医侧重解决病人当下的问题，尤其是在解决具体的器质性疾病上，用西医的手段有立竿见影的效果。而中医立足整体与长远，侧重于系统地调整生理机能，达到使病人康复的目的，但不足之处是见效慢。二者虽各有所长，但根本之处都是为了达到平衡。

问：既然人生的目的是追求幸福，那么，如何才能获得幸福呢？

答：人在这个世界上不是一种孤立的存在，正如马克思所言，人是社会关系的总和。自然和社会都是人类生存的依据和条件，人免不了与自然和社会打交道。所以，人需要不断提高自己的境界与格局。只有这样，才能获得幸福。

问：如何才能提高自己的格局和境界呢？

答：依据平衡论，天道自衡，万物唯求平衡。提高格局和境界的根本方法就是与万事万物达至平衡。在高空俯瞰大地，所见则为壮丽的山川，如画的田园，美不胜收；若只在低处爬行，则触目皆虫豸、污秽，心情自然不爽。这说明了什么？这说明与万物相合，胸怀自然宽广了，境界必然更高了，维度理所当然提升了。试想，如果我们看什么都顺眼，特别是与人相处，总是看到别人的长处，包容别人的短处，心胸和格局不就自然而然地阔大了吗？

所以，**增强幸福感的八字秘诀就是：万物相合，自求平衡。**

第四节　经济：交换决定价值

问：经济是社会发展的基础，其核心是创造财富。"万事找一"的方法论，在经济领域中是如何体现的呢？

答：经济的本质就是创造财富。最早系统研究这一问题的亚当·斯密在 1776 年出版的《国富论》①中，首

---

① 《国富论》，全称为《国民财富的性质和原因的研究》，是英国经济学家亚当·斯密的经济学名著。在该书中，斯密从劳动价值理论、分工理论、货币及价格的解释以及利润工资、地租、资本、税收、贸易等诸多方面，总结了近代初期各国资本主义发展的经验，并在批判吸收当时有关重要经济理论的基础上，就整个国民经济运作的过程做了比较系统、清晰的描述。这部著作奠定了资本主义自由经济的理论基础，标志着古典政治经济学理论体系的建立，堪称西方经济学界的《圣经》。

次揭示了财富创造的秘密，其核心观点就是"分工创造财富"。

问：那您认为创造财富的根本原因是什么呢？

答：回答这个问题，先要搞清楚分工如何能够创造财富。这对于现代人来说，几乎是一个不言自明的问题。但是对于二三百年前的人类来说，却是个巨大的秘密。它是随着人类进入工业化后，逐渐被发现的。

十八世纪的英国，随着蒸汽机的发明，各地出现了大规模工业生产模式。亚当·斯密在社会调查中发现，各地贫富差距明显，而造成这一现象的主要原因，是各地生产分工程度上的差异。凡重视生产分工协作的地方，生产效率就高，创造财富能力就强。由此，他得出了"分工创造财富"的结论。显然，分工可以使每个人、每个地方发挥各自的长处，然后，优势互补，总体上使资源的利用效率大大提高，进而激发了财富增长的潜力。这样说，似乎已经解释得很圆满了。

然而，产品成为财富的前提，是要有人通过交换获取并消费这个产品，如果无人消费，那么生产不但不能创造财富，甚至还会因为浪费资源而减损财富。换句话说，不能进行交换的产品，是产生不了价值或财富的。纵观人类经济史，正是交换使产品变成了商品，进而从根本上推动了市场经济的发生与发展。显然，交换对于人类的经济活动及财富的增长，是更为基础性的行为。也正是交换才推动了生产上的分工，如果没有交换，分工将毫无意义。因此，所谓"分工创造财富"的根本，其实是"交换决定了价值"。

问：有一种情况，就是一些自然物没有人类社会的任何分工协作，但这种自然物的生长也在增值。如何看待这一情况？

答：这个问题问得很好。这是用既往的经济学理论无法回答的一个问题。一粒种子掉在地上，生根发芽，逐渐长成参天大树，实现了增值。这一过程跟人类社会的分工协作没有任何关系，但发生这种现象一定是有原因的。如果用"交换决定价值"来解释，那就很好理解了。我们通常说，万物生长靠太阳。为什么靠太阳？因为太阳付出了能量，这些能量促使种子发生了变化。用科学术语来表达，就是能量转换成质量，是太阳的能量借助于种子的生根、发芽、生长，直到参天大树，实现了能量向质量的转换。而这种转换与前面说的交换，本质上是相同的。如果把太阳看作主体，其他自然对象看作客体，我们完全可以把这种转换看作交换。所以说，如果没有交换或转换，就不可能有万物的生长。当然，自然界发生的这些"增值"，最终是与"满足人的需求"而进行的交换得以实现的。

问：根据您的阐述，可不可以这样理解，经济的核心就是创造财富，而创造财富的根本原因，或者说"一"就是交换？

答：正是如此。再比如，房产和股票，也是由于能够交换，才会大幅升值。在这一交换过程中，它们流向愿意购买和持有的人，资源得到有效配置，自然提升了价值，创造了财富。可以说，在现代社会里，交换无处不在，甚至包括人员的流动，也是一种交换，正是由于交换，使他们找到了更适合自己的岗位，从而提升了价值，增加了财富。

问：交换决定价值，正是交换决定了财富的创造，实现了"一生多"，这一论断新颖独到，入木三分。那么，您认为交换的本质又是什么呢？

答：我们说"一生多"背后是"一等多"。正是那个"一等多"，即平衡，推动了万物生生不息。很显然，交换所依据的最根本的法则，就是等价交换，也就是平衡。通常说，市场是一只无形的手，表现为公平交易，本质上就是一个等式，即价值相等：在生产上表现为投入、产出相等；在劳动上，表现为付出与回报相等；在自然界则表现为质量、能量转换相等。总而言之，"一等多"决定了"一生多"，天道平衡决定一切，经济也不能例外，是交换决定了财富的创造。

第五节　政治：得民心者得天下

问：对于一个国家来说，经济是基础，政治是保障。政治为经济服务，其目的就是确保社会稳定有效运转。您前面说了，经济的"一"是交换，那么，政治的"一"是什么呢？

答：政治是指政党、政府等治理国家的行为，是以经济为基础的上层建筑，是以国家权力为核心展开的各种社会活动和社会关系的总和。政治是围绕"权力"而展开的。谁得到了权力，谁就拥有了对其他人群乃至全社会的管理权。如果说，经济是"一生多"的过程，那么政治就是"一统多"的结构。

问：这是否意味着"权力"就是政治的"一"呢？

答：表面看似乎是这样的。从本质上讲，权力是力量的表达形式之一，它是一种结果，是由其他"因"导致的。而这个"因"体现出社会生存与发展的根本要求。谁满足了这个要求，谁才会拥有"权力"，才能成为这个社会的治理者。

问：那么，您认为政治的"一"到底是什么呢？

答：正如中国老古话所说，"得民心者得天下"。我认为，"得民心"就是政治的"一"。"民心"是什么？就是千千万万老百姓的生存发展需求，包含但不限于基本的公平和正义。一个国家，不管由谁来治理，"得民心"是最根本的要求，否则，即便处在治理者的位置上，也注定会失败，注定被抛弃。

问：关于"得民心"的话题，古人似乎说过很多。

答：是的。《尚书》提出"民为邦本，本固邦宁"，《老子》说"圣人无常心，以百姓心为心"，《荀子》明确提出"水能载舟，亦能覆舟"。而"得民心者得天下"，则是《孟子》中的说法，它还有后半句，叫"失民心者失天下"。这也就意味着，中国古代先贤早就悟到了社会治理的根本。

问：政治上有一些相关概念，如"统治者""权力""得民心"等，它们之间的关系本质是什么呢？

答：从社会治理形态上看，社会是由统治者与被统治群体之间达成的"一统多"的结构，统治者为"一"，是因为他拥有统治权力。而权力的来源是"得民心"，如果得不到民心，这种权力只能是暂时的、虚幻的，持续不了。那么，"得民心"的本质又是什么呢？用"一论"解释，就是统治者与被统治群体（即人民）之间所达成的平衡，即"一等多"。所以说，在政治上，是"一等多"决定了"一统多"，唯此，得民心者才能得天下。

第六节 文化：主旨、主线、主题

问：社会存在，除了经济、政治外，还有一个重要领域就是文化。如何用"万事找一"透视文化现象、解决文化问题呢？

答：经济、政治、文化，这是任何一个社会或国家存在的最基本的三个领域。文化概念范围很广，大到可以指代一切精神现象，即思想文化，或叫文明。而日常说的文化，大多指的是文学艺术。从大的范畴讲，文化根本上解决的是对世界的认知问题，也就是思想观念问题。其成果通过概念的构建体现出来。而所谓概念，其实就是等式，指的是 ×× ＝ ××。因而，文化的根本就是"一等多"。这与经济"一生多"、政治"一统多"一起组成了社会的三个基础架构。

问：那么，具体到文学艺术，又是如何体现"一"的呢？

答：下面，我们就来重点讨论一下这个问题。首先，我们看，文章是如何体现"一"的？我们写文章，首先要确定一个主题，要由这个主题来统领整篇文章的文字布局，然后，开始下笔写作。开头很重要，所谓好的开头是成功的一半。由此铺开一条文字呈现的主线。文章写完后，我们细细品读，会发现文章整体上昭示着一个更大的道理，即主旨（或叫思想）。这也就是说，对于人类思想表达形式之一的文章来说，其实是充分展现出三个"一"。主题的本质是"一统多"，主线的本质是"一生多"，主旨的本质是"一等多"。

问：写文章确实是这样的。其他文艺表现形式是否也是这样呢？

答：当然是这样。比方说电影，剖析开来，也无外乎这三个"一"。就拿《泰坦尼克号》①来说吧。主题是主人公杰克和露丝的爱情故事，主线是泰坦尼克号由出发到撞上冰山到沉没及逃生的过程，主旨是爱情高于生

---

① 《泰坦尼克号》，根据真实历史事件改编的美国电影，由詹姆斯·卡梅隆执导，莱昂纳多·迪卡普里奥、凯特·温斯莱特领衔主演。泰坦尼克号是当时世界上最豪华的客运轮船，有"永不沉没"的美誉。但令人遗憾的是，泰坦尼克号第一次航行时，就撞上了冰山，导致1517人失去了生命。电影故事是根据幸存者的口述改编而成，再现了人在生死关头真实的人性反应，生动刻画了杰克和罗丝的凄美爱情。

命。再比如，一幅绘画作品，也可以从三个"一"去理解。主题是指该画要突出之物（如老虎、马或者花鸟等），主线是指该画所表达的时间、季节等，主旨则是这幅画所表达的审美意趣和思想。

问：讲话是语言沟通的艺术，甚至是管理的一个重要工具。您能否谈谈讲话如何"找一"？

答：对于各类精英人士来说，讲话和演讲确实是很重要的一个技能。善于讲话者很容易与别人达成一致，便于工作的开展。那么，讲话、演讲如何"找一"呢？

我认为，精彩的讲话或演讲，关键要把握住三个"一"。首先是"一等多"，就是要以听众为中心，用听众习惯的方式，讲听众听得懂的话，特别是所说的主旨要让人心服，从而产生共鸣，达成平衡。其次是"一统多"，就是要善于运用归一法，将丰富的信息归纳为一个概念，例如几个之"最"、几大"创新"、几个"坚定"等等，由这个概念统摄较为杂乱的信息，便于听众记忆理解，也就是说，主题要突出而新颖。再次是"一生多"，就是内容的展开一般是三个方面或三点，通常不超过四点，要努力做到言简意赅，要言不烦。换句话说，就是要主线清晰。

我们经常说某某人说话说得好，一语中的，这个"的"是什么，就是根本，就是"一"。我们听了某人的演讲，感到醍醐灌顶、记忆犹新，说明那段演讲观点鲜明、条理清晰，寥寥数语即让人领会其中要害，也就是让人明白了其中的"一"。所以说，高水平讲话，无论是主题的选择，还是内容的表达都是抓"一"的过程，也是让听众领会"一"的过程。

这里还要说明的是，语言和文字的关系，语言是"一"，是交流的根本方式，文字是"二"，记录信息，服从于语言。文字再华丽，如果不能服务于语言表达，就没有价值和意义，不可本末倒置。

总而言之，任何文艺作品都离不开"主旨、主线、主题"，即"一等多""一生多""一统多"。这是它们共同的，也是根本的三个"一"。

第七节　军事：优势法则

问：战争是人类社会很无奈的现象。到目前为止，任何国家或社会都还不能放弃军事。那么，"万事找一"

的方法论，在军事上是如何体现的呢？

答：战争是人类处理矛盾分歧、争夺利益最极端的一种方式。战争的直接目的只有一个，那就是击败敌人。所以，所有的军事理论都是围绕如何克敌制胜展开的。在诸多军事理论典籍中，最有名的有两本书，一本是中国的《孙子兵法》①，另一本是前普鲁士军官卡尔·冯·克劳塞威茨的《战争论》②。

问：您能详细谈谈吗？

---

① 《孙子兵法》，又称《孙武兵法》《吴孙子兵法》，是中国现存最早的兵书，也是世界上最早的军事著作，被誉为"兵学圣典"。现存共六千字左右，十三篇，由孙武撰。

孙武（约前545～约前470年），字长卿，齐国乐安（今山东省北部）人。春秋末期著名的军事家、政治家，尊称兵圣或孙子，又称"兵家至圣"，被誉为"百世兵家之师""东方兵学的鼻祖"。

② 《战争论》，卡尔·冯·克劳塞维茨创作的一部军事理论著作，被誉为西方近代军事理论的经典之作，是军事思想史上自觉运用辩证法总结战争经验的战争理论经典，为近代西方军事思想体系的形成和发展奠定了理论基础，被誉为"战略学的《圣经》"。卡尔·冯·克劳塞维茨（1780～1831年），德国军事理论家和军事历史学家，普鲁士军队少将，一生参加了四次著名战役：莱茵战役、奥斯塔德会战、法俄战争和滑铁卢战役，是近代军事战略学的奠基人。

答：好的。首先谈谈《战争论》。它的作者卡尔·冯·克劳塞威茨被称为"西方兵圣"，他总结战争的制胜法则有两条，即兵力优势法则和防御优势法则。克劳塞维茨认为，士兵数量上的优势，不论在战术上还是战略上，都是最重要的制胜因素，在决定性的战斗中，要尽可能多地集中兵力。所以，士兵数量上的优势是最基本的法则，不论在什么地方，都应该是首先和尽量争取的，即集中优势兵力。关于防御优势法则，其本质就是强调地形能给战争带来的优势。地形是客观存在的，如果交战方能充分利用它的优点，就可以大大地避免不利因素，促进战争的胜利。

无独有偶，《孙子兵法》也多处说到"集中兵力"。《谋攻篇》[①]说"十则围之，五则攻之"；《军形篇》说"胜兵若以镒称铢，败兵若以铢称镒"[②]；《实虚

---

① 《谋攻篇》是《孙子兵法》篇章之一。阐述了以智谋攻城，即不专用武力，而是采用各种手段使守敌投降。

② 意思是，通常取得胜利的军队，是因为具有如同以"镒"称"铢"那样的绝对优势，而失败的军队则如同以"铢"称"镒"那样处于绝对劣势。简而言之，就是要以多胜少，以优胜劣。阐述了具有客观、稳定、易见等性质的因素，如战斗力的强弱、战争的物质准备等。《军形篇》是《孙子兵法》篇章之一。

篇》①更是以集中为主，讲了"我专而敌分，我专为一，敌分为十"。在战争地形上，《孙子兵法》也有更深入的研究。在《地形篇》②中，强调战争要研究地形险易，计算道路的远近，正确判明敌情，制定取胜计划，并将地形分为九种，分析可利用的优势，采取对应的战斗策略，等等。

在《孙子兵法》和《战争论》中都提到"优势"，并用了大量的篇幅对此进行阐述，这说明"优势"对于一场战争来说是至关重要的。

问：那么，是不是有了地形上的优势或兵力上的优势，就一定能取胜呢？

答：这就是问题所在。肯定不会这么简单。您看，战争自古就有，从最初的冷兵器时代，到后来的热兵器时代，再到目前最具毁灭性的核武器时代，随着武器装备的逐步提升，战争双方武器的差距，也左右了战争的

---

① 《实虚篇》是《孙子兵法》篇章之一。阐述了如何通过分散集结、包围迂回，造成预定会战地点上的我强敌劣，实现以少胜多。

② 《地形篇》是《孙子兵法》篇章之一。阐述了六种不同的作战地形及相应的战术要求。

胜负，武器精良体现出的优势显而易见。

除此之外，《左传·曹刿论战》[①]中"夫战，勇气也，一鼓作气，再而衰，三而竭"，《史记·项羽本纪》[②]中"引兵渡河，皆沉船，破釜甑，烧庐舍，持三日粮，以示士卒必死，无一还心"，这些都强调了士气在作战中的重要作用。

因此，我归纳为，决定一场战争胜败的要素，主要有四个方面，即兵力、地形、武器和士气。

问： 那么，按照"万事找一"的方法论，战争的"一"到底是什么呢？

答： 是"总优势"。前面提到的这四种要素确实都很重要。而且，每支部队对上述几个要素所拥有的优势程度都是不相同的。每一场战争，也不可能由哪一个优势单独起作用，而是由各种要素综合叠加，汇聚成"总优势"，决定战争的胜败，即"总优势＝胜利"。这个等

---

① 《左传·曹刿论战》，出自《左传·庄公十年》，讲述了曹刿对"长勺之战"的一番评论，并在战时活用"一鼓作气，再而衰，三而竭"原理击退强大齐军的史实。

② 《史记·项羽本纪》，西汉史学家司马迁撰写的关于西楚霸王项羽的文言本纪，记录了秦末项羽光辉壮烈的一生。

式就是战争胜败的根本规律，这就是战争的"一"。

问：在战场上，如何利用优势法则来选择攻防模式呢？

答：战场形势无外乎以下几种情况：领先、势均力敌、劣势、绝对劣势。具体处理的时候，当"总优势"处于领先，应当采取进攻战，选择一个突破口，向前推进，控制制高点，然后拿下指挥部。"选择突破口向前推进"实际上就是"一生多"，"控制制高点拿下指挥部"，实际上就是"一统多"。在"总优势"处于势均力敌的情况下，应当选择打消耗战、僵持战，并根据战势的变化，重新构建自己的优势，以达到克敌制胜的目的。当"总优势"低于敌方时，应该选择防御战，消耗敌人的士气，等待时机歼灭敌人。当"总优势"处于绝对劣势时，应当首选撤退避战，在无法撤退避战时，选择突围战。无论采取哪一种攻防模式，一场战争的基本逻辑，都是从"突破口"开始，进而拿下"指挥部"。本质上，战争就是从"一生多"到"一统多"的过程，根本上是由其背后的"一等多"即优势法则所决定的。

问：如何看待以少胜多、以弱胜强的战例？

答：历史上确实有很多以少胜多、以弱胜强的战例。这些战例反而可以印证"总优势＝胜利"的优势法则。在那些战役中，大家所说的"少"或"弱"，一般是指"人数"或"武器装备"。刚才，我们分析了，战争取胜并不仅仅靠这两点优势，而是需要有其他要素加在一起所拥有的"总优势"。无论如何，一场战争的胜利，一定是"总优势"的表达，而绝非"少"或"弱"的特例。在所谓的以少胜多、以弱胜强的战例中，人们只注意到了"少"和"弱"的因素，往往忽视了其他优势要素的存在。更何况，总体上的弱势，并不代表局部就没有优势。

《孙子兵法》说："兵者，诡道也。"很多用兵高手，战场上声东击西，明修栈道、暗度陈仓，常常出奇制胜，令人费解。其实，所有的"诡道"无一不是围绕蓄积优势而展开的，诚所谓"诡者不诡也"。

因此，可以说，战争的"万事找一"，就是构建平衡（等式），也即"总优势＝胜利"的优势法则。掌握这个法则后，首先是找到一个突破口（一生多），向前推进，控制制高点，进而拿下指挥部（一统多），最后达到克敌制胜的目的。一场战争是由"一生多"和"一统多"构成的，而最终是由其背后的"一等多"所决定的。**总优势决定胜利，这就是战争的根本规律。**

当然，战争的最终目的是达成新的平衡，也就是实现和平。

第八节　一纲三印

问：您用"万事找一"方法论剖析和解答了经济、政治、文化、军事等领域的核心问题，并详解了"万事找一"在现实中如何具体运用，论述直白，道理深刻，让人耳目一新、受益匪浅。"万事找一"的确可称"科学的方法论"。

答：是的。"万事找一"的方法论承接了"天道"，由宇宙本体演化而来。这也是迄今为止，彻底将本体论、认识论和方法论打通，从而形成统一整体的科学方法论。与抽象玄奥的"本体论"相比，"万事找一"的方法论充满了烟火气、人间味，对改善我们的行事方式，提升人类生存的幸福感具有重要意义。我花了大量时间和精力追寻宇宙本源，真正目的就是要由宇宙本体论推导出科学方法论，以天道"一论"指导我们的工作和生活，从而达到简单、通透、高效和快乐的人生状态。

承接天道"平衡"者，唯"一"也。本书如果用一句话表达，那就是：**天道平衡，万事找一**。

问：谈到这里，您的宏大而精微的哲学阐述已近尾声。您还有什么要向读者说明的吗？

答：哲学思考与书写，是艰难而美妙的过程。本书从宇宙论到本体论，再由认识论到方法论，四论至此，应该说已经完整地表达了我对宇宙、人生和社会的哲学思考。我相信，凡是读完本书的读者，也一定经历了这样一个艰难而美妙的过程。哲学思绪高度抽象，尽管我运用了打比方、举例子等通俗易懂的方式，尽最大努力减少或避免艰深晦涩，但一定难以满足所有读者的需求。因此，在本书的最后，我想借鉴佛陀的"释迦五印"①，将我的理论总括为"一纲三印"。如果您读完本书，掌握了这"一纲三印"，即可视为"得道"之人，

① 释迦五印，指的是对佛像手的刻画和塑造。佛像的手，有各种不同的姿态，佛教称之为"印相"或"印契"。各种印相有其特定的含意，这是识别各尊佛像的重要依据。最常见的印相有五种：说法印、施无畏印、定印、降魔印、施愿印。

当欣然掩卷，对于其他的细枝末节，皆可弃之不顾，甚至对于本书也可束之高阁。

"一纲三印"是：

"一纲"："本体论"，揭示宇宙的本源是平衡，平衡是终极真理，天道平衡，天道自衡，即宇宙本体"平衡论"，亦即"一论"。此为总纲。

"三印"：

第一印，"宇宙论"，揭示宇宙运行规律："一等多""一生多""一统多"；

第二印，"认识论"，揭示人脑运行规律："第一性""第一次""第一位"；

第三印，"方法论"，阐述科学方法论即"万事找一"。

把握了以上"一纲三印"，特别是熟练地掌握了"万事找一"方法论，就可以说真理在握，即可在实践中得心应手，运用自如。正所谓：大道至简，简而为"一"；运用之妙，存乎"一"心。

结语：该中国哲学登场了

　　雅斯贝尔斯在《历史的起源与目标》[①]一书中指出，公元前500年左右的这一时期，是人类历史上最为深刻的转折点，所有非凡的事件都集中在这一时代发生了。他为这一伟大时代命名：人类文明的轴心时代。这一时代哲人辈出，星汉灿烂：

　　在中国生活着老子和孔子，出现了《易经》《道德经》和《论语》，中国思想的所有派别都产生了，形成

---

　　① 卡尔·西奥多·雅斯贝尔斯（1883～1969年），德国存在主义哲学家、神学家、精神病学家。他在1949年出版的《历史的起源与目标》中提出了著名的"轴心时代"。所谓"轴心时代"指的是公元前500年前后，同时出现在中国、西方和古印度等地区的人类文化突破现象。

了以墨子[①]、庄子[②]等为代表的群星璀璨的"诸子百家";在印度出现了《奥义书》,生活着佛陀,兴起了佛教。与遥远的东方遥相呼应,地中海边的古希腊大小城邦,一时群星闪耀,前后短短400年间,涌现出巴门尼德、苏格拉底、柏拉图、亚里士多德、毕达哥拉斯、德谟克利特、欧几里得[③]等一大批空前绝后的伟大哲学家与科

① 墨子(前476或480~前390或420年),名翟,战国初期宋国(今河南商丘)人,中国古代思想家、教育家、科学家、军事家,墨家学派创始人和主要代表人物。墨子以"耳目之实"的直接感觉经验为认识的唯一来源,提出了检验认识真伪的标准,即"三表":"上本之于古者圣王之事","下原察百姓耳目之实","废(发)以为刑政,观其中国家百姓人民之利"。墨子把"事""实""利"综合起来,以间接经验、直接经验和社会效果为准绳,努力排除个人的主观成见。墨子创立了以几何学、物理学、光学为主的一整套科学理论。墨家在先秦时期与儒家并称"显学",百家争鸣有"非儒即墨"之称。

② 庄子(约前369~前286年),名周,字子休。宋国蒙(今安徽蒙城县)人。战国时期杰出的思想家、哲学家和文学家,是继老子之后道家学派最重要的代表人物,与老子并称"老庄"。

③ 欧几里得(约前330~前275年),古希腊数学家,被称为"几何之父"。他的名著《几何原本》是欧洲数学的基础,被广泛认为是历史上最成功的教科书。欧几里得也写了一些关于透视、圆锥曲线、球面几何学及数论的作品。

学家，不仅开启了西方文明之源流，还奠定了世界自然科学之根基。

这是一个人类智慧和思想大爆发的时代，更是一个人类文明璀璨夺目的伟大时代。这一时代所奠定的精神文化基础，为此后人类历史发展提供了用之不竭的动力，引领和推动了人类社会两千多年的经济和文化繁荣。

人类进入二十一世纪，步入新千年发展征程，世界面临百年未有之大变局。全球性气候变化和各种疫病，以及不断上演的贸易纷争和战争摩擦，已经充分表明，我们今天所处的这个世界并不太平，人类又站在了历史发展的十字路口。

带着对宇宙终极的思考，特别是深受老子《道德经》的启示，秉承古希腊圣哲们的探寻精神，并依据后世科学发展提出的大量理论，追本溯源，我撰写了本书，论证并提出了宇宙本源是"平衡"，"平衡"就是终极真理的结论。本书回答了老子的"道"是什么，以及"道"如何运用的两大核心问题。同时，还对哲学史上其他悬而未决的基本命题给予了解答。

轴心时代，先贤们为人类贡献了一个核心概念——

"理性"，从而开启了人类文明的新进程。今天，本书植根于中国传统哲学思想，提出了另一个核心概念——"平衡"。显然，理性是人道，平衡为天道，人类将步入践行天道的崭新时代。

莎士比亚[①]说，凡是过往，皆为序章。中国哲学的登场，必将赋予哲学以全新的使命。

使命一：为人类命运共同体的构建提供哲学思考。 人类命运共同体是一种全球价值观，包含相互依存的国际权利观、共同利益观和可持续发展观。构建人类命运共同体，是东方智慧为人类擘画的美好愿景。但是，当今世界并不太平，人类危机四伏。"世界怎么了""人类往何处去"成为新的时代命题，亟待哲学社会科学做出回答。本书提出，宇宙的本源是平衡，唯平衡方可存在，唯万物和合，各种要素、各方力量处于均衡协调，也即"刚刚好"的状态，才能有序发展。平衡理论启示人类，同在一个屋宇下，一荣俱荣一损俱损，要增强命

① 威廉·莎士比亚（1564～1616年），英国文学史和戏剧史上最杰出的诗人和剧作家，也是西方文艺史上最杰出的作家之一，他流传下来的作品包括38部剧本、154首十四行诗、两首长篇叙事诗及其他诗作。

运共同体意识，学会和平共处，做到相互支撑，各美其美，美美与共①，实现和谐共存。

使命二：以宇宙本体"平衡论"为指导，重构既有理论体系，助推第二次文艺复兴。在开启新千年发展历程之际，人类被各种问题所困扰，李泽厚在《人类学历史本体论》中提出，希望人类有"第二次文艺复兴"②。第一次文艺复兴是回归古希腊，把人从神的束缚中解救出来，释放出巨大的生命力和创造力，使人类步入近现代科技和工商业文明时代。然而，在获得日益丰富的物质和精神享受时，人类却陷入新的苦闷和焦虑。第一

---

① 1990年12月，在以"人的研究在中国——个人的经历"为主题进行演讲时，著名社会学家费孝通先生总结出了"各美其美，美人之美，美美与共，天下大同"这一处理不同文化关系的十六字"箴言"，收录于《费孝通论文化与文化自觉》（群言出版社，2007年版，202页）一书中。意思是，人不仅要懂得欣赏自己创造的美，还要包容别人创造的美，并能够做到拼合不同的美而达到一种平衡，从而实现理想中的大同美，推动人类文明的发展和进步。

② 文艺复兴，指发生在14世纪到16世纪的一场反映新兴资产阶级要求的欧洲思想文化运动。文艺复兴最先在意大利各城邦兴起，以后扩展到西欧各国，于16世纪达到顶峰，被认为是中古时代和近代的分界。

次文艺复兴，仿佛打开了"潘多拉魔盒"[①]，使人类从无知渐渐走向无惧。那么，第二次文艺复兴，则急需一个"所罗门的瓶子"[②]，把人类从失控的物欲、失衡的信息泛滥中解救出来。李泽厚的建议是回归古老东方的传统。而平衡理论可以助推人类遵循天道，回归自然。这一使命崇高而艰巨。道之所在，虽千万人吾往矣！

使命三：用"万事找一"的方法论为指导，提高人们办事效率，成就简约成功的人生。庄子说，人生天地之间，若白驹之过隙，忽然而已[③]。让短暂的人生过得富有意义，能够获得丰足的人性和温暖的人情，是生命

① 潘多拉魔盒，来源于古希腊神话，寓意为灾难的来源和邪恶的象征。普罗米修斯盗火给人类后，主神宙斯为了报复，命令火神用黏土做成美女潘多拉，送给普罗米修斯的兄弟厄庇米修斯做妻子。潘多拉貌美性诈，私自打开宙斯让她带给厄庇米修斯的盒子，使盒子里装的贪婪、虚伪、诽谤、嫉妒、痛苦等一齐飞了出来，只有希望留在盒底，使人间从此充满了各种灾祸。

② 所罗门的瓶子，出自《天方夜谭》（又名《一千零一夜》）。传说古犹太国国王所罗门打败了魔鬼，将其装在瓶子里扔进了大海。"所罗门的瓶子"寓意可封印贪婪、虚伪、欲望、邪恶等，确保人类安宁。

③ 出自《庄子·外篇·知北游》。意为：人生在天地之间，就像透过缝隙看到白马飞驰而过，不过一瞬间罢了。

存在的理由和价值。新时代哲学应该树立从形而上走向形而下的姿态，具备化繁为简的品质，方便人们学习运用。这个"化繁为简"，就是"万事找一"。人们唯有具备了"万事找一"的能力，才能驾驭复杂多变的世界，成就简约成功而快乐的人生。

张载说："为天地立志，为生民立道，为去圣继绝学，为万世开太平。"①

《本体论》承袭着老子、亚里士多德等人类先贤的智慧基因，立足于近现代科学理论，浸润着马克思主义哲学的滋养，宣告了"平衡论"也即"一论"的诞生，做到了不忘本来、吸收外来、面向未来。**天道平衡，"一论"立心**。我坚信，人类通过对它的充分运用，必将开启一个与人类文明"轴心时代"相呼应相媲美的文明新境界，世界文明将攀登上一个新的高峰！

---

① 为天地立志，为生民立道，为去圣继绝学，为万世开太平。横渠四句，张载名言。引自《张载集·张子语录中》，中华书局，2012 年版，第 320 页。张载（1020～1077 年），字子厚，北宋大儒，哲学家，理学创始人之一，理学支脉"关学"创始人。

跋：恐龙灭绝为人类敲响警钟

恐龙曾经是地球上的霸主，却在 6500 万年前消失了。恐龙为何会灭绝？无数科学家迫切地探求恐龙灭绝之谜，其中最主流的观点是小行星碰撞说。

研究表明，在 6500 万年前，有一颗直径大约 10 千米的小行星撞击了墨西哥湾。由于撞击力太大，致使火山喷发，流火遍地，甚至灰尘蔽日达数十年，改变了地球气候，影响了动植物生长，恐龙因此而消亡。这是迄今为止最主流的一种解释。然而，这一解释仍然存在巨大漏洞。首先，恐龙灭绝如果是一次灾变所致，那么，与恐龙同时代的蜥蜴、鳄鱼、银杏树等为何没有消亡？其次，如果真是这种巨大的灾难导致恐龙灭绝，那应该是在极短的时间内完成，但相关研究表明，那次小行星碰撞地球后，恐龙还存活了200多年。再次，如果说小行星撞击地球引发了地球气候变化，影响了植物生长，致使恐龙食物链中断而灭绝，这也有点勉强。因为任何一个物种都有不断适应环境的能力，恐龙在变化的环境中完全有可能通过调整食物结构存活下来。

那么，恐龙灭绝的原因到底是什么呢？

据达尔文理论，物竞天择，适者生存。那就意味着，像恐龙这种强大的物种是极具生存优势的。何谓"生存优势"？一般理解，就是能力越大，应该生存得更好更久。从生物个体生存状况的小尺度看，结论是正确的。但如果从物种整体生存状况的大尺度来看，则恰恰相反。38亿年的生物进化史告诉我们，越是后衍生物，功能显然越强大，然而其物种整体存续的时间却越短。如今，地球上曾出现过的99.9%的物种都灭绝了，但是那些不起眼的初始生物，诸如细菌、真菌等，虽能力极弱，却几乎都伴随着整个生物史，至今依然充斥地球的每一个角落。如果再拉大尺度看，138亿年前奇点大爆炸，由基本粒子瞬间耦合的元素至今仍然存在，甚至可以推断，假设有朝一日整个地球生物全灭绝了，这些基本元素及其构成的无机物将依然不会消失。这是达尔文进化论无法解释的，可谓"达尔文悖论"。

为什么会这样？因为宇宙是一个时空统一体，由能量和质量演化构成，能量扩散的过程产生时间，能量凝聚成质量产生空间，而总能量守衡。所以能量＋质量＝宇宙总能量，亦即时间＋空间＝宇宙。也就是说，宇宙总能量守衡不变，而时间和空间此消彼长。空间越大，时间越短；空间越小，时间越长。正如爱因斯坦相对论所说，时间和空间可以相互转化。我在第一章宇宙论中已阐明，宇宙万物的存在，空间表达为"一统多"，时间表达为"一生多"。生物的存在能力就是"一统多"的能力，存续周期就是"一生多"的延展。对于动物而言，"一生多"的能力就是生殖繁衍能力。因而，一种生物如果"一统多"的能力强，那么，它"一生多"的能力就弱，强大到一定程度，必然走向灭亡。如此，就解释了宇宙万物为何有生必有灭。我们据此推断，**恐龙灭绝的根本原因，是自身不断向高级进化而导致生殖繁衍能力衰竭**。现代生物学研究也表明，一种动物消亡的前兆，往往是其雄性精子数的减少，而精子数减少，意味着生殖繁衍能力下降，最终导致该物种灭绝。

由此，我们回观人类面临的生存危机，也就没什么稀奇了。人类在空间上已具备了巨大的能耐，又怎能指望在时间上永续存在呢？恐龙的灭绝为人类敲响了警钟。

近年来，一个现象越来越让人不安，那就是人类的生殖能力在不断下降。有关机构在 1973 年至 2011 年间，对 42935 名北美、欧洲及澳大利亚、新西兰等国家男性的生殖能力进行跟踪研究，结果显示，男性精子浓度由每毫升 9900 万个下降到了 4710 万个[①]。一份调查显示，日本 30 多岁的无婚史男性中，有 1/4 从未发生过性关系，而对于女性，这一比例更高[②]。

中国的情况也不容乐观。据调查，从 20 世纪 70 年代初到现在，短短的 50 多年时间，男性精子数从 1 亿个大幅下降到 2000 万个。研究人员还单独分析了 1995 年以后的变化，发现有加速下降的趋势[③]。同时，根据全国妇联调查数据，中国有一半以上的夫妻遭遇"性冷淡"，

---

① 生殖与妇产领域顶级期刊《人类生殖学快讯》（*Human Reproduction Update*）发表的一项有史以来最大规模的人类精子数量变化研究。由以色列希伯来大学流行病专家 Hagai Levine 博士领导的国际研究小组，发现近四十年来精子浓度整体下降了 52.4%，精子总数下降了 59.3%。

② 2022 年 6 月 14 日《男女共同参画白皮书》。

③ 美国医学期刊《生育与不孕》网站发表的研究报告。

性爱次数每月不超过一次[①]。

更多资料显示，越是发达的国家和城市，越是受教育程度高的人群，生育率越低，单身现象越严重。美国华盛顿大学卫生统计评估研究所发布报告称，预计到二十一世纪末，各个国家的人口都会减少，连同日本在内的 23 个发达国家，人口可能减少近一半[②]。

由此可见，人类前景很是不妙。而这种不妙恰恰符合时空反比规则，即宇宙平衡观点。

恐龙在地球上存活了 1.6 亿年，人类的命运可能远不如恐龙。恐龙虽然能耐强大，但只是被动承载了既定的生物功能而已。而人类作为智慧型生物，却可以通过开发智力、发展科学技术而主动地无限制地提升自己的能耐。人类所具备的能力远非包括恐龙在内的其他生物所能企及。人类为此沾沾自喜，殊不知，正是这种"激进的文明"将人类带入陷阱。

---

① 中国人民大学性社会学研究所潘绥铭教授带领36名研究员，历时一年，进行了一次全国范围的抽样调查。结果发现在已婚或同居男女中，每月连一次性生活都不到的人超过1/4（28.7%）。

② 2020年7月14日美国华盛顿大学卫生统计评估研究所在医学期刊《柳叶刀》上发布的报告。

人类一心想征服地球，甚至征服宇宙。而当生殖危机不断逼近的时候，不知人类还有没有机会做出这样伟大的壮举。

人类迄今所遇到的所有麻烦，根本上说，都是由人类自己造成的。其实，早在轴心时代，我们的祖先就已看到了人类的困境。老子在《道德经》中指出，"物壮则老，是谓不道，不道早已"①，"强梁者不得其死"②。因此，老子大声疾呼"无为"，但人类做不到。相反，人类常常乱为，甚至胡作非为，一味地争强好胜。恐龙的灭绝源于生殖力衰竭，而人类由于过度开发大脑的潜能，在人为地加速这一进程，这不亚于自寻末路。面对人类已经出现的生殖危机，人们依然习惯于从外部解决问题，比如出台鼓励生育的相关政策等。这些措施短期有效，然而当人类生殖力减退到一定程度时，这些政策措施还有作用吗？

因此，人类不能再过度开发大脑资源，要放缓人类

① 出自《道德经》第三十章，意思是说：事物过于强大就会走向衰朽，这就说明它不符合于"道"。不符合于"道"的，就会很快死亡。

② 出自《道德经》第四十二章，意思是：自恃强大而不遵从"道"的人大都不得善终。

能力提升进程，以减缓精子衰减速度，阻止人类繁衍能力快速下降。只有这样，才可能延长人类整体的寿命，也才能给我们的子孙后代留有时间。

人类和宇宙其他万物一样，皆有生有死。人类的存续无外乎三条途径：一、不适宜竞争而中途夭亡。二、过快开发自然资源和人脑资源，快速奔向死亡。三、顺应自然而寿终正寝。我们当然希望走第三条路，修成正果，享尽天年。

一切皆要顺应天道、自然而然。而做到这一点，需要树立一种新的"宇宙观"。平衡是宇宙的本源，是万物存在的根本依据，是终极真理。无论人类发展的欲望如何迫切，都不能违背平衡这一天道法则。追求平衡，不追求过激超速发展，人类才不至于中途夭亡，方可修得寿终正寝。

人类该醒醒了！

附：宣酒实践案例

宣酒集团简介：安徽宣酒集团是一家白酒制造企业。二〇〇四年底，由一家县级破产酒企改制而成。十八年来，资产由当年的一千多万元增至二十多亿元，营收近二十亿元，先后荣获国家地理标志产品保护、中国驰名商标、中国食品工业协会纯粮固态发酵标志认证、国家绿色工厂和全国和谐劳动关系创建示范企业等五项国字号荣誉，并且获得了第105届巴拿马万国博览会金奖，成为安徽白酒四朵金花之一。

企业是社会组织机构之一。现代社会的主要物质财富，都是由企业创造的。如果有一种科学方法论能够运用到企业，通解企业运营管理中的一切问题，那将意义非凡。那么，"万事找一"如何在企业中应用呢？

我是一位企业工作者，对此深有体会。正是"万事找一"的方法论，让我领导管理一个企业变得轻松简单。企业如何用"一"？我从战略、生产、营销、管理四个方面来加以说明。

一、战略如何找"一"？

关于战略的著述有很多，如钱·金的《蓝海战略》①、菲利普·科特勒的《营销管理》②、迈克尔·波特的

① 钱·金，欧洲工商管理学院波士顿咨询集团布鲁斯·D.亨德森战略和国际管理教席教授，达沃斯世界经济论坛的会员和欧盟的顾问成员。《蓝海战略》，由其与勒妮·莫博涅合著。所谓"蓝海战略"，指的是在现代营商环境中，企业要突破红海的残酷竞争，通过开创新的、未被竞争对手重视的市场领域以达到扩张目的，从而实现追求"差异化"和"成本领先"的经营战略。

② 菲利普·科特勒（1931～），现代营销集大成者，被誉为"现代营销学之父"。科特勒营销理论中最重要的论断是"4P"理论，即产品、价格、渠道和推销。后来，他又提出了"大市场营销"概念，即在原来"4P"组合的基础上，增加两个"P"：一是政治权力，就是说，公司必须懂得怎样与其他国家打交道，必须了解其他国家的政治状况，才能有效地向其他

《竞争战略》^①和彼得·德鲁克的《成果管理》^②等。在美国，每五到十年，就会推出一本关于战略的书。战略大师们著书立说，众说纷纭，各执一词。

那么，到底什么是战略呢？我认为，战略是企业的发展方向，由两个"一"构成。第一个"一"是"主赛道"，第二个"一"是"核心产品"。概括来说，就是以您的"核心产品"，在您的"主赛道"上做成"第一"，这就是战略。简而言之，就是**主赛道＋核心产品＝第一**。"主赛道加核心产品成为第一"的例子有很多，

国家推销产品；二是公共关系，营销人员必须懂得公共关系，知道如何在公众中树立产品的良好形象。《营销管理》是最能体现科特勒思想精髓的一部作品，是无可争议的营销学奠基之作，被誉为"营销圣经"。

① 迈克尔·波特（1947～ ），哈佛商学院教授。波特在世界管理思想界被誉为"活着的传奇"，是当今全球第一战略权威，是商业管理界公认的"竞争战略之父"，其所著《竞争战略》，被誉为管理界的《圣经》。

② 彼得·德鲁克（1909～2005年），管理学科开创者，被尊为"大师中的大师""现代管理学之父"。德鲁克称自己是"社会生态学家"，他对社会学和经济学的影响深远，他的著作架起了从工业时代到知识时代的桥梁。他在《成果管理》一书中，首次把战略一词应用到商业和管理中。迄今为止，大部分战略管理书籍阐述的问题几乎都源于本书。

如：华为是通讯设备领域的第一，特斯拉是新能源汽车的第一，茅台是高端白酒的第一，可口可乐是碳酸饮料的第一。还如，联想是个人电脑的第一，格力是空调的第一，海尔是冰箱的第一，麦当劳是西式快餐的第一，等等。

那么该如何选择和制定战略呢？我以宣酒的实践为例具体说明。中国白酒依据价格分为超高档、中高档、低档三个档次，也就是三个赛道。超高档白酒的代表是茅台、五粮液，可以说，这种"超高档"的品牌效应，已经在消费者心智中形成高度认知，地位无法撼动，其他白酒想在这个赛道上分一杯羹，难度极大。低档白酒的代表是牛栏山和老村长，也在这个赛道上数一数二，其他的品牌想要争第一，也几乎不可能。目前，只有中高档白酒赛道，还处在一片混战的"春秋战国"时代，没有形成"一统华夏"的局面，没有形成最终的"第一"，这为后发白酒企业带来了机会。宣酒正是对战略机遇准确把握，聚焦于中高档白酒赛道，才从当初籍籍无名的小酒厂，逐渐走出宣城，发展成为安徽白酒的"四朵金花"之一，并逐步渗透全国市场。

当然，面对消费升级，我们也对宣酒的核心产品作出调整升级，推出了以"宣酒 10"为核心的多款产品。

宣酒作为一家区域型白酒企业，在一片混乱的中高档白酒赛道上聚焦发展，已形成显著的竞争力。

另外，当一个品牌已经成为或接近某个领域的"第一"时，这种认知也就逐渐在消费者心智中得到确立。这种认知一旦形成是很难改变的。也就是说：茅台、五粮液不应去生产中、低档白酒；华为不应该生产通讯领域以外的产品；老干妈辣酱不应该生产其他品类的食品；格力不应该生产空调以外的产品等等。否则将会毁掉这种品牌认知，从而失去品牌的竞争力。

当然，如果您拥有足够的人力和物力资源，也可以开辟另一赛道，但要使用另一个品牌名称。

里斯说，战略就是开创并主导一个品类，品类就是赛道。例如：谷歌开创并主导了全球互联网搜索品类；淘宝开创并主导了互联网购物平台品类；"脸书"开创并主导了全球社交网站品类；百度开创并主导了中文互联网搜索品类。还如：iPhone 开创并主导了高端智能手机品类；微信开创并主导了中国互联网社交媒体品类；长城哈弗开创并主导了经济型 SUV 品类；分众开创并主导了电梯广告品类；农夫山泉开创并主导了天然饮用水品类；等等。

总之，战略就是首先要找到主赛道，生产出核心产

品，然后在这个赛道内聚焦发展，慢慢做成该领域的第一。对于一家成熟的企业来说，它的结构应是战略为"一"，生产、营销、管理等为"多"，本质上就是一个"一统多"的结构，并最终形成稳定、健康、高效的运营发展态势。战略的本质要求是聚焦，聚焦，再聚焦。因为资源总是有限的，必须聚焦在一个方向上才更有力量。

二、生产如何用"一"？

上述战略包括两个"一"：主赛道和核心产品。主赛道为"跑道"，核心产品为"参赛选手"，冲上"第一"位置最后靠的还是核心产品。因此，可以说"核心产品"是"一"中之"一"。那么解决生产中的这个"一"，打造出具有竞争力的核心产品，首先需要解决的就是品质，那么品质的"一"又是什么呢？

还以宣酒为例。过去，我们对"一杯好酒的标准到底是什么"进行了热烈讨论，有人说是绵、甜、净、爽、香，有人说是不辣嘴、不刺喉、醉得慢、醒得快、不上头、不口干，等等。说的都有道理，但都没有形成一个可供执行的核心标准。正如黑格尔所言，意见多种多样，但是真相只有一个。"万事找一"，"一"在哪里？我们通过对行业第一品牌茅台酒的分析，终于找到了答案。茅台酒之所以出类拔萃，是因为所含风味物质达到了2000多种，在世界六大蒸馏酒中名列前茅。由此可见，白酒品质的好坏，是由风味物质的种类和含量多少决定的。因此，可以说，白酒品质的"一"就是"丰满度"，这就是白酒品质的"第一性"。

当明确了品质的"一"后，我们宣酒酿造生产的"一"也顺理成章浮出水面。我们紧紧围绕"丰满度"这个"一"，重新梳理整合生产技术流程，我们对标茅台，在原有小窖池的基础上，嫁接了茅台的高温制曲、高温堆积、高温发酵"三高"核心工艺，使我们酿造出的原酒拥有了更多的风味物质，品质大幅度提升。经中国食品发酵工业研究院检测，宣酒所含风味物质达到1900多种。由此，宣酒打造出了以"宣酒10"为核心的"一统多"系列产品，受到消费者的热烈欢迎。同时还开发出高端产品宣酱，品质得到了核心消费者的高度肯定。

概括地说，生产如何用"一"，就是要在自己产品的众多优势里，寻找一个顾客最需要的特性，即"第一

性"确定为"一",聚焦资源做强此项优势,从而形成核心竞争力,并形成差异化特色,最后成为保护企业的一道深深的"护城河"。

三、营销如何用"一"?

关于营销的书籍,以菲利普·科特勒的著作为代表,可以说是数不胜数,但内容都过于繁杂。其实,营销首先要解决的根本问题,是源点顾客购买消费的问题。也就是说,源点顾客是营销的"一"。

什么是源点顾客?就是能够引导消费的核心消费者。现代管理学大师彼得·德鲁克说,企业的目的是创造顾客,只有当顾客愿意付钱购买您的产品或服务时,投入的资源才可能转变为财富。因此,只有创造顾客才能成就企业。而创造顾客的关键,就是要找到核心消费者,让产品得到他们的肯定和青睐,牢固黏住这个"一",然后推而广之,以"一"生"多",扩大产品市场占有率,让更多的消费者购买您的产品。举一个例子。在旧时代的农村市场,酒该怎么卖?肯定是卖给那些有钱的大户人家和乡贤。只有这些大户人家和乡贤青睐您的酒，才能带动普通人家过年过节时买您的酒。也就是说，这些大户人家和乡贤就是营销的"一"。围绕这个"一"产生的"羊群效应"，就是您最终获得的营销成果。因此，做好营销，首先是要找到具有市场号召力的源点顾客，以他们为"一"来拓展消费群体。

源点人群在哪里？在市场上。所以，我们有时把做营销说成做市场。市场又可以分为普通市场和源点市场。我认为做市场的关键，是抓"源点市场"。什么是源点市场？就是指那些对周边市场能够产生影响力的市场。例如，在安徽，最大的源点市场就是省会合肥，抓住了合肥这个市场的"一"，就能对全省市场形成辐射效应，带动整个安徽市场的发展。宣酒市场拓展的成功，当年聚焦资源拿下省会合肥市场非常关键。源点市场呈现出来的是"一"对"多"形成辐射，并带动"多"的跟进和发展。当然，您的企业所在地，更是源点市场，理所当然要优先做好。

如何做市场？首先是要建立销售渠道。现在商品销售的渠道有很多，比如，白酒销售渠道就有烟酒店、酒店、超市、直营团购、网店，等等。不同的商品侧重的渠道是不同的。对于竞争处于白热化状态的白酒营销来说，当下，烟酒店就是渠道中的"一"。抓好烟酒店这个"一"，就能够带动其他渠道的这个"多"。因为，烟酒店在当地拥有稳定的核心客户资源，在白酒销售中占比最大，并且对其他渠道具有带动影响作用。同时，各个渠道内也要找到"一"，即找到核心终端，因为核心终端不仅销量大，而且有示范效应。

源点顾客、源点市场、主渠道、核心终端，这些都是营销需要找到的"一"。而营销离不开品牌传播。传播也需要找"一"。

品牌传播需要解决三个问题，一是传播对象，二是传播媒介，三是传播内容。传播对象是产品的目标消费者。我们宣酒将这个"目标消费者"定为25岁至65岁之间的男性公民，然后通过互联网大数据进行分析和寻找，再将需要传播的内容推送给他们。这样做的好处是，提升了传播效率，节约了成本。显然，目标消费者为"一"。其次，传播媒介也很重要，中央电视台当然是"一"，新媒体中的头部媒体是新的"一"，当然，不同属性的品牌应选择不同的头部媒体。同时，构建传播内容也很重要。这是一个信息爆炸的时代，内容一定要简单，让消费者一下能看到您的核心优势，并留下深刻印象。因此，传播内容也必须突出"一"即根本性的优点。即使您的产品拥有很多的优点或特色，您也只能选择其中最具有代表性的，也是顾客最需要的，并且这个优点或特色，是别人不具备或没有说过的，从而形成"人无我有"的差异化。而这个"差异化"就是您产品的"一"，就是您的核心竞争力。这个"一"是指"第一性"。如果这个核心优势不好表达，就要采用另外两个"一"，即"第一次"和"第一位"，通常表达为"正宗"或"经典"、"老大"或"代表"。这三个"一"的表达，就是里斯和特劳特所说的定位。任何公关广告必须表达这三者或三者之一。比如：王老吉，"防上火"表达的是"第一性"，"正宗"表达的是"第一次"，而凉茶"老大"表达的是"第一位"。又如：奔驰诉求它的"第一性"——声望，和它的"第一次"——发明汽车；宝马诉求它的"第一性"——驾驶乐趣；沃尔沃诉求它的"第一性"——安全。茅台原来的广告传达的是"国酒"，更是集三个"第一"为一身。我们宣酒坚持传播"第一次"——"小窖酿造"，同时诉求"第一性"——"丰满醇厚"。

　　概括来说，营销就是聚焦源点顾客、源点市场、核心渠道、核心终端，同时利用头部媒体，向目标消费者传播核心优势，这就是抓营销的"一"。

四、管理如何用"一"？

管理上，首先是人才队伍建设。那么，人才队伍建设的"一"是什么呢？对于一个企业来说，高管团队是决定企业命运的关键。"二八定律"认为，20%的人创造了80%的利润。也就是说，在一个100人的公司里，企业的中层以上管理人员大约有20人，他们创造了80%的利润。我们再把这20人乘以20%等于4个人，这4个人就是企业的高管，他们创造了80%乘以80%等于64%的利润。因此，企业人才队伍建设的"一"，就是首先抓高管团队建设，其次是中层干部队伍建设，要把资源集中到他们那里。而不能撒胡椒面，搞"大锅饭"、平均主义。当然，也不能忽视基层员工队伍素质的提升，因为中层及高管也是从基层锻炼一路成长起来的。

企业在用人上如何找"一"？我赞同德鲁克说的一句话：要把一个人的长处发挥到淋漓尽致，而与他的短处毫不相干。因此，企业用人的"一"就是"发现和发挥人的长处"。因为只有如此，企业才有人可用。每个人都不可能是全能的，不可能将每一件事都做得周到圆满。企业发展涉及方方面面，需要各类有专长的人才。科研上有特长的，就让他去搞科研；酿造上有特长的，就让他去搞酿造；营销上有特长的，就让他去从事营销工作。做到"各展所长，人尽其用"，为企业的发展贡献聪明才智。因此，可以说，企业用人的"一"，就是用人之长。

绩效管理如何用"一"？企业发展要能够创造经济价值，要有成果，否则过程再漂亮也是无效无用的。企业聚合了那么多的资源，如果不能创造价值，没有成果，用德鲁克的话说，就是不道德的。因此，企业绩效管理就是要以成果为导向进行考核奖罚，而且要奖罚严明。故此，员工的"成果"就是绩效管理的"一"。

企业文化建设如何用"一"？优秀的企业肯定都有优秀的企业文化。而优秀的企业文化无一例外，都是围绕企业一把手及核心团队的价值观构建的。所谓"道不同不相为谋"，一家优秀的企业所聚集的人才，也必然是对该企业的文化和价值观高度认同的人。这个企业之所以发展得好，能够得到传承，它的企业文化一定发挥了重要作用。因此可以说，企业文化建设

附：宣酒实践案例

的"一"，就是以一把手为核心创立并带头践行的价值观。

财务管理如何用"一"？财务管理要抓好三个"一"。首先，真实准确地反映公司财务运营状况（做好报表：收入－成本＝利润），为高管层提供决策依据。这是"第一性"。其次，把控费用合规合法关，也就是审核关，如果是上市公司或拟上市公司，资产特别是股权的合法性尤为重要，这是"第一次"。再次，掌控现金流，注意资金安全，因为现金流是企业的血液，生死攸关，是财务管理的核心要务，这是"第一位"。

概括地讲，管理如何用"一"，就是队伍建设抓骨干，如何用人看长处，绩效考核抓成果，企业文化建设重在建立统一的价值观，财务管理抓好报表、审核和现金。

以上所述，这就是"万事找一"的方法论在企业战略、生产、营销、管理四个主要方面的应用。可以说，"万事找一"的方法论在企业运营管理的方方面面，都可以得到有效运用。如果能够将"万事找一"的方法论在企业全方位并长期贯彻执行，那么，这个企业就会变得高效而有力量，必将能够基业长青。

企业管理"万事找一"运用图示

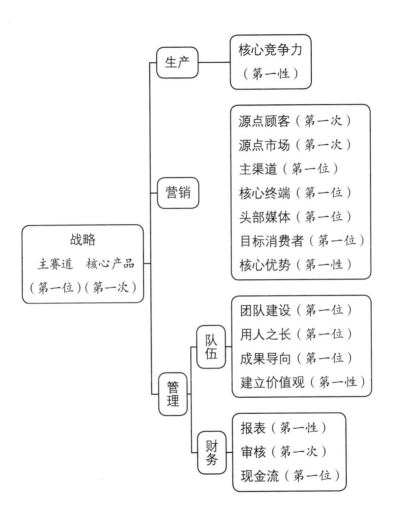

附：宣酒实践案例

致　谢

本书出版之际，谨向往圣先贤、当代大儒和为本书做出贡献的同仁致以诚挚谢意。

首先要感谢艾尔·里斯先生，杰克·特劳特先生，还有邓德隆先生和张云先生，正是受到"一问"的启发，才有了本书。

还要感谢李泽厚先生和王东岳先生，他们的著作让我获益良多，特别是王东岳先生关于"精神起源"的论述，让我受益匪浅。

更要感谢我的同事迟有飞，他为本书的整理编纂做出了特殊贡献。还有我的朋友徐艾平，我的同事黄亮、李端华、刘志刚，他们为本书的完成做出了积极的贡献。

特别要感谢我的老师和同事胡益民先生，我的很多顿悟都是在与他的交流和思想大碰撞中产生的。

尤其要感谢古今中外的思想家、哲学家、科学家，正是他们垒砌了人类理性的大厦，使我得以站在他们的肩膀上，思考宇宙的真相和人类的命运。

最后要感谢社会各界仁人志士和广大读者给予我热情的鼓励和思想上的支持，感谢华夏出版社为本书出版所做的一切。

图书在版编目（CIP）数据

本体论 / 李健著 . -- 北京 : 华夏出版社有限公司，2023.6
ISBN 978-7-5222-0501-4

Ⅰ . ①本… Ⅱ . ①李… Ⅲ . ①本体论 Ⅳ . ① B016

中国国家版本馆 CIP 数据核字（2023）第 062745 号

本体论

作　　者	李　健
责任编辑	赵　楠
特邀策划	徐艾平
封面设计	何　浩

出版发行	华夏出版社有限公司
经　　销	新华书店
印　　装	三河市万龙印装有限公司
版　　次	2023 年 6 月北京第 1 版　　2023 年 6 月北京第 1 次印刷
开　　本	670×970　1/16 开
印　　张	14.5
字　　数	107 千字
定　　价	88.00 元

华夏出版社有限公司　网址：www.hxph.com.cn　电话：（010）64663331（转）
地址：北京市东直门外香河园北里 4 号　邮编：100028
若发现本版图书有印装质量问题，请与我社营销中心联系调换。